Coordenação editorial
Maurício Sita

ELEFANTE NÃO VOA

Literare Books
INTERNATIONAL
BRASIL · EUROPA · USA · JAPÃO

© LITERARE BOOKS INTERNATIONAL LTDA, 2023.
Todos os direitos desta edição são reservados à Literare Books International Ltda.

PRESIDENTE
Mauricio Sita

VICE-PRESIDENTE
Alessandra Ksenhuck

DIRETORA EXECUTIVA
Julyana Rosa

DIRETORA DE PROJETOS
Gleide Santos

DIRETORA COMERCIAL
Claudia Pires

EDITOR
Enrico Giglio de Oliveira

EDITOR JÚNIOR
Luis Gustavo da Silva Barboza

ASSISTENTE EDITORIAL
Gabriella Meister

REVISORES
Leo A. de Andrade e Sérgio Ricardo

CAPA E DESIGN EDITORIAL
Lucas Yamauchi

Dados Internacionais de Catalogação na Publicação (CIP)
(eDOC BRASIL, Belo Horizonte/MG)

E38 Elefante não voa: seja disruptivo e criativo na vida e nos negócios / Coordenação Maurício Sita. — São Paulo, SP: Literare Books International, 2023.
208 p. : il. ; 15,7 x 23 cm

Inclui bibliografia
ISBN 978-65-5922-538-5

1. Empreendedorismo. 2. Autoconhecimento. 3. Inovações tecnológicas. I. Sita, Maurício.
CDD 658.4

Elaborado por Maurício Amormino Júnior – CRB6/2422

LITERARE BOOKS INTERNATIONAL LTDA.
Alameda dos Guatás, 102 – Saúde, São Paulo, SP. CEP 04053-040.
+55 11 2659-0968 | www.literarebooks.com.br
contato@literarebooks.com.br

SUMÁRIO

7   EU, VOCÊ, OS ELEFANTES E A DISRUPÇÃO: O QUE TEMOS EM COMUM?
Adriana Olacyr

17   AUTOMOTIVAÇÃO COM FOCO E AÇÃO
Agenor Brandalise

23   ENTENDENDO A INOVAÇÃO DISRUPTIVA
Alexandre Stigert

33   MARKETING HÍBRIDO: O NOVO MARKETING
Anderson Almeida

41   OPORTUNIDADES: CRIE SUAS PRÓPRIAS!
André Jarcovis

47   MAIS PERTO DO SUCESSO
Andrigo Sertoli

55   VENDER UMA EMPRESA: ANGÚSTIA E ALEGRIA
Antonio Salvador Morante

65   O SUCESSO DO SEU CLIENTE É O SEU SUCESSO
Carla Santiago

73   AROMATERAPIA: UM OLHAR PARA A SAÚDE
Daniela Almeida Martins

81   O MUNDO SEMPRE FOI DISRUPTIVO
Domingos Sávio Zainaghi

89   LIDERANÇA PARA HUMANOS
Janaina Yara Augusto

97   GAMIFICAÇÃO DA EDUCAÇÃO
Jonathan Alvarez

105	QUAIS SÃO AS SUAS FORÇAS? **Juliana S. Marcelino Roma**
113	QUEBRAR VELHOS PADRÕES EXISTENCIAIS PARA CONSTRUIR NOVAS EXPERIÊNCIAS **Katia Carvalho**
123	O OLHAR DO VISIONÁRIO **Lucas Peixoto Dantas**
133	UMA NOVA VISÃO SOBRE A GESTÃO E O PAPEL DA LIDERANÇA HUMANIZADA EM BUSCA DE RESULTADOS EXTRAORDINÁRIOS **Lucedile Antunes**
143	COMO TRANSFORMAR O (SEU) MUNDO? **Natalia Guimarães Viotti**
151	EMPREENDEDORISMO INTELECTUAL: POR QUE É IMPORTANTE INVESTIR EM CONHECIMENTO? **Nery Neto e Samuel Martins**
159	A LIDERANÇA NUA E CRUA PARA SER PRATICADA POR QUEM É LÍDER DE VERDADE **Patricia de Souza Gomes**
167	NÃO EXISTE OCIOSIDADE: TODO TEMPO É DE INOVAÇÃO **Patrícia Ocáriz**
175	APRENDER, DESAPRENDER E REAPRENDER: A NOVA REALIDADE **Pedro Carlos de Carvalho e Tânia Maria Gebin de Carvalho**
183	INOVAÇÃO É A NOVA ESTRATÉGIA **Rodrigo Coelho**
193	NAVEGANDO NA ERA DA DISRUPÇÃO **Rodrigo Marques**
201	VOCÊ JÁ NASCEU COM O GENE DA ASA, BASTA ATIVÁ-LO! **Sibila Malfatti Mozer**

1

EU, VOCÊ, OS ELEFANTES E A DISRUPÇÃO: O QUE TEMOS EM COMUM?

O mundo tem se renovado rápida e constantemente, com tecnologias que surgem a cada dia. É difícil acompanhar essas mudanças, mas é fácil perder de vista quem somos nesse processo. Ao buscarmos a autodisrupção, podemos promover transformações significativas dentro e fora de nós. Por meio do autoconhecimento, temos como tomar decisões alinhadas com quem queremos ser, mesmo em cenários adversos.

ADRIANA OLACYR

Adriana Olacyr

Contatos
www.adrianaolacyr.com/
adriana.olacyr@gmail.com
LinkedIn: linkedin.com/in/adrianaolacyr/

Publicitária formada pela Faap. Por mais de 20 anos, atuou como *copywriter*, tendo criado materiais para milhares de empresas renomadas do país. Atualmente, dedica-se ao marketing, tendo se pós-graduado em cinco especializações: *Big Data* e Marketing; *Coolhunting*; Inteligência Competitiva e Inovação em Marketing; Gestão de Projetos e Metodologias Ágeis; e Gestão de Pessoas, Liderança e *Coaching*. Profissional multipotencial, reúne talentos, paixões e diversas áreas de interesse, em uma combinação que gera infinitas possibilidades na carreira e em seu estilo de vida. Com facilidade de aprender e flexibilidade cognitiva, se envolve em diferentes projetos e funções. Já empreendeu como barista no setor de cafeterias *gourmet*. Também experimentou o segmento de moda e decoração, com uma empresa de estamparia e sublimação. A partir de uma grande perda familiar, deu início a um novo processo de profundas mudanças, tornando-se adepta do autoconhecimento como principal ferramenta disruptiva.

Revolucionário é todo aquele que quer mudar o mundo e tem a coragem de começar por si mesmo.
SÉRGIO VAZ

Você sabia que os elefantes são símbolo de sabedoria, longevidade, companheirismo e poder? Então, por que eles não voam? A fábula "O elefante acorrentado" ilustra bem o que estamos tratando neste livro. No Brasil, utilizar animais em circo é proibido em 12 dos nossos 26 estados. Nos tempos em que isso era comum, você reparou nesse animal no picadeiro? Durante sua apresentação, ele exibe toda a sua força e robustez. Entretanto, antes de entrar em cena, o mesmo gigante permanece contido apenas por uma das patas, acorrentado a uma estaca. Sabendo-se que daria conta de derrubar árvores, que domínio teria um pedaço de madeira encravado no solo para impedi-lo de buscar a liberdade? A resposta está na impotência induzida. Vejamos: quando filhote, o elefantinho é preso à estaca e não consegue se soltar, apesar de seus esforços. A estaca é muito pesada para ele. Após várias tentativas frustradas, pronto, já está condicionado. Sem autoconsciência, desconhece sua força e aceita as limitações impostas. Apenas algo que o leve ao desespero poderia gerar o empenho pela sobrevivência. Assim também somos nós. A disrupção surge de ocasiões que demandam uma transformação em um nível profundo e significativo. Por isso, é tão importante manter em mente que ser disruptivo é ter a habilidade de entender que a inovação pode, simplesmente, ser o óbvio visto de um ângulo diferente.

As lições que aprendi sobre disrupção

O calendário mostra a data de 19 de julho de 2020, um domingo. Eu nem me lembro se estava ensolarado ou nublado, se o dia era bonito ou não. Havia 14 dias que eu não conseguia reparar em quase nada. Estava atravessando duas longas e angustiantes semanas nas quais eu tinha apenas um foco: meu pai. Eu só pensava em como ele estaria, como teria passado mais uma noite longe de casa, algo que fez raras vezes ao longo da vida. E nessa tormentosa rotina, pouco depois das 13h00, eu me preparava para receber atualizações de seu estado, na UTI do Hospital do Servidor Público de São Paulo. Por conta das restrições que a covid-19 trouxe, não havia visitas, apenas o boletim médico. Naquela tarde, diferentemente de todas as outras, me deixaram vê-lo. Beijei pausadamente sua testa e acariciei seus cabelinhos brancos e macios. Sua barba crescera um pouco, sua boca estava seca e seus dentes, amarelados. Fiquei com dó de ver aquele homem vaidoso daquela maneira. Meu coração ficou pequenininho e engoli o choro, para que ele não percebesse.

Meu pai era um senhor vistoso, com quase 1,80 m de altura, esguio, que gostava do seu bigode branco, o qual mantinha com zelo. Divertido, brincalhão, saía sempre cheiroso com seu perfume amadeirado e, mais do que isso, exalava simpatia. Um coração de ouro, pronto para ajudar quem quer que fosse, sem demora. Do alto dos seus 85 anos, era muito ativo e parecia desafiar o tempo. Não aparentava a idade que tinha, coisa que era motivo de orgulho e assunto para ele, que fazia disso um gatilho para sair fazendo amizades. Olhos brilhantes, sorriso largo e um jeito que ao mesmo tempo impunha respeito, sem deixar de ser carismático. Enfim, aquele tipo de pessoa cuja presença traz segurança e acolhimento.

Eu acabara de voltar do hospital com um misto de esperança e aflição. Meu pai ainda não estava bem, mas estava vivo. E, apesar de não verbalizar, correspondeu ao meu pedido de piscar como forma de se comunicar comigo. Não tenho como descrever como foi desgostoso vê-lo naquela situação tão contrária a tudo o que a gente acreditava: "Vou chegar aos 100 anos", ele repetia confiante e sorridente. Se não fosse a fratura por compressão em sua lombar, aliada à fraqueza de um de seus rins, acredito que ele teria se aproximado desse desejo. Infiltrações, anti-inflamatórios e muitos analgésicos foram receitados. A dor foi priorizada, mas os rins encararam isso como insolência e contestaram com crueldade, levando meu pai à unidade de terapia intensiva. A partir daí, sem saber, uma contagem regressiva havia se iniciado.

Ao entrar em casa, fiz de tudo para manter o otimismo e foquei nisso para ultrapassar aquela madrugada e voltar para receber notícias no dia seguinte. Perto das quatro da manhã, meu celular tocou e entrei em pânico. "Venha para o hospital, o médico quer falar com você. Traga os documentos do seu pai", essas palavras dilaceraram meu coração com aquilo que eu mais temia na vida: a morte dele, Joaquim Olacyr.

Talvez, você esteja se perguntando: O que tudo isso tem a ver com elefante não voar, inovação, disrupção e empreendedorismo? Tudo. Meu propósito nessa narrativa é compartilhar que inovação e disrupção não são conceitos muito distantes da sua realidade. Afinal, experiências desafiadoras, bem como os altos e baixos da vida, parecem ter papel fundamental no caminho disruptivo. No meu caso, desde 20 de julho de 2020, a Adriana Olacyr que eu fui e que eu seria precisou passar por uma jornada imersiva de autodisrupção.

Tentativas, erros e acertos: uma trajetória da qual ninguém escapa

Na carreira de publicitária, trabalhei por mais de duas décadas como redatora, na criação de muitas agências. Criar para centenas de empresas, de portes e segmentos variados, trouxe a oportunidade de ampliar horizontes, conhecimentos e visão. Inovar nesse ambiente sempre foi determinante e acabei incorporando isso a minha pessoa. Nesse período, o chamado do empreendedorismo me alcançou e direcionei minha atenção para algo que os publicitários estão bastante acostumados a consumir: o café. Deixei o universo corporativo e, ao lado do meu marido, abrimos uma cafeteria *gourmet* no movimentado bairro de Santana, na zona norte de São Paulo/SP. Hoje, é muito comum encontrarmos bebidas variadas à base de café. Mas, em 2006, falar em caipiroska, frappuccinos e outras variedades de bebidas com esse ingrediente era inusitado. Essa foi uma experiência que, em termos de negócio, não resultou no que desejávamos, mas em relação à vivência nos enriqueceu muito. A evolução é feita por tentativas, erros e acertos. Assim, vamos do engatinhar para o andar, do andar para o correr e, a partir daí, poderemos alçar voos. E esse é meu objetivo com tudo isso, mostrar que você pode ser colocado em rota de decolagem, mesmo que seu plano de voo, até então, não tenha alcançado seus objetivos.

Em 2018, comecei um novo empreendimento, focado na criação e na sublimação de estampas para camisetas e canecas, com artes próprias. Sem loja física, toda atividade estava no comércio eletrônico. Foi então que, pouco tempo depois, começou o surto de covid-19. As transformações vieram ferozes e velozes. Mudanças sem precedentes aconteceram tanto no físico quanto no digital. De uma hora para outra, dados com variedade, volume e velocidade cada vez maiores passaram a circular pela web, o chamado *big data*. As redes sociais mudaram o comportamento dos indivíduos, os consumidores viraram coprodutores de conteúdo, influenciadores ganharam notoriedade. O marketing digital modificou de vez tudo o que eu sabia de mercadologia. Não bastasse toda essa turbulência, sem muita demora chegaria o período no qual eu teria de encarar e superar a perda da pessoa mais importante da minha vida. As mudanças não se importam se você está preparado. E lá estava eu, no meio de um doloroso luto e de uma crise existencial. Apesar de toda bagagem profissional, eu precisava ressignificar quase tudo ao meu redor e ressurgir das próprias cinzas, como a lendária fênix[1]. Não se altera aquilo que não se reconhece. Por isso, o primeiro passo foi rever meus pontos fortes, minhas preferências, meu *modus operandi*. Ou seja, me entregar a uma introspecção intensa para, a partir de então, me concentrar na expansão em termos gerais.

O que tudo isso pode ensinar sobre inovação e disruptividade?

Muito. Afinal, a introversão é o ponto de partida de toda disrupção. Não é preciso criar uma super *startup* ou uma tecnologia para ser uma pessoa disruptiva. Se você quer mudar alguma coisa, que tal começar em um movimento autodisruptivo?

Eu me senti desconstruída diante da morte, mas precisei me reconstruir o quanto antes, para sobreviver a tudo o que ainda estaria e está por vir. Autodisrupção também dá trabalho? Muito! Porém, é o que fará você sair de onde está para chegar aonde deseja.

Leve em conta que, para isso, ampliar as áreas de conhecimento vai contribuir com o surgimento de novas ideias. Desde o início dessa minha jornada, fiz muito mais em dois anos do que em muitos anteriores. Passei de uma graduação para cinco pós-graduações. Fui experimentar o golfe, o *parkour*, o *beach tennis*, o violino e me tornei coautora deste livro. Enfim, estendi meu repertório para além de tudo o que estava acostumada e essa foi a mola propulsora para fora do meu fundo do poço.

Albert Einstein tem a seguinte frase: "Uma vez que você para de aprender, começa a morrer". A partir disso tudo, a lição que tomei para mim é a de que eu não quero mais papo com a morte, pelo menos não onde eu possa controlar. E esse é o ponto em que você também tem o controle: na amplitude do seu conhecimento.

Um bom começo é reconhecer que você possui múltiplas inteligências e um potencial inexplorado que pode ser aperfeiçoado com estudo e empenho.

---

[1] Fênix é um pássaro da mitologia grega que, ao morrer, entra em combustão e, passado algum tempo, ressurge das próprias cinzas. Lendas dizem que ele era capaz de sobrevoar carregando um elefante.

Ingresse na trilha do desenvolvimento pessoal, conteste padrões e expectativas, as suas e as alheias. Reveja seus hábitos, atitudes e habilidades. Não conceda o protagonismo da sua vida para outra pessoa. Encare a autoconsciência como um dos grandes alicerces para sua realização.

Você já percebeu que disrupção não se aplica apenas às empresas. Os grandes disruptores de negócios se reinventam repetidas vezes. Descubra quais são os bloqueios que o impedem de inovar em algo. Lembre-se: você sempre terá uma escolha. Diante disso, a decisão e a atitude só cabem a você.

Como você pode se tornar uma pessoa disruptiva?

Por que você chegou a este livro? Curiosidade, indicação, escolha própria, certezas ou dilemas? Seja o que for, o fato é que ter este livro em mãos indica que você quer mudar seu contexto atual.

Ser disruptivo e inovador não é algo com começo, meio e fim. Na verdade, é um estilo de vida, uma forma de pensar e agir, em constante evolução.

Não sabe por onde começar? Questione tudo o que disseram e dizem sobre seus pontos fortes e fracos. Questione, inclusive, o que você diz a seu respeito. Parece loucura? Contudo, mais louco ainda é ser definido pelo externo e permanecer nesse papel, como o elefantinho acorrentado.

Reflita sobre as seguintes questões:

Você diria que essa é sua melhor versão? Admira a pessoa que é hoje? Confia nas habilidades que tem? Busca viver experiências novas e aumentar seu repertório? O que gostaria de mudar? O que o impede de fazer essa mudança? Como pode transpor essa barreira? Quais são suas prioridades? Você tem dado a atenção e o tempo que elas merecem? Em quem você se inspira para fazer diferente? O que pode fazer de semelhante a essa(s) pessoa(s) para alcançar suas metas?

Se conseguir respostas para essas perguntas, terá dado um passo em direção ao que veio buscar. Afinal, como disse o psiquiatra e psicoterapeuta suíço, fundador da Psicologia Analítica, Carl Jung, "Quem olha para fora sonha, quem olha para dentro desperta". Desperte-se.

Mais uma sugestão: aceite ser um aprendiz para a vida toda, o chamado *lifelong learner*. Foi assim comigo, decerto será assim com você. Contudo, nem a minha história nem a sua terminam por aqui. Entre o que foi dito, lido e incorporado, ainda há uma boa trajetória adiante, de prática, determinação, **soft skills**, erros e acertos.

Quero complementar o que foi escrito aqui com a indicação de alguns testes de autoconhecimento e algumas palestras do TedX, que selecionei com o propósito de inspirar e ajudar você de diferentes maneiras.

Comece onde você está, use o que tem e faça o que pode. Mas faça sempre seu melhor. A adversidade é capaz de revelar toda a sua força e coragem. Michael Jordan, um dos melhores jogadores de basquete de todos os tempos, deu um testemunho que pode motivar seu percurso disruptivo: "Eu errei mais de 9.000 arremessos na minha carreira. Perdi quase 300 jogos. Em 26 oportunidades, confiaram em mim para fazer o arremesso da vitória e eu errei. Eu falhei muitas e muitas vezes na minha vida. E é por isso que tenho sucesso".

Fracassos, obstáculos, fundo do poço, incertezas... seja qual for o nome dado àquilo pelo qual você está passando, acredite na sua capacidade de superação e enfrentamento. Use este capítulo como estímulo à autodisrupção. Acredito que, dessa maneira, antes do que imagina, você terá seu brevê para pilotar outros projetos, que deixarão um legado de aperfeiçoamento, inovação e empreendedorismo. Desejo a você todo sucesso.

Palestras TEDx recomendadas

Sobre autoconhecimento e as nossas inteligências múltiplas.
TEDx São Paulo – Bruna Lombardi, atriz, escritora e palestrante.

Como pessoas comuns atingem resultados incríveis.
TEDx Youth@EAB – Alex Bonifacio, escritor e palestrante.

Autoconhecimento e propósito de vida: felicidade.
TEDx Passo Fundo – Marcia Moraes, doutora em Psicologia e Educação.

Testes de autoconhecimento

 Seus pontos Fortes, pelo teste Clifton Strengths by Gallup.

 Você pode comprar o livro *Seus pontos fortes 2.0* e usar o código que vem nele, para fazer seu teste gratuitamente.

 MTBI – 16 personalidades.

Além desses, na internet é possível encontrar testes sérios que mostram quais são seus arquétipos dominantes, seu temperamento, eneagrama, entre outros. Essas são ferramentas bastante úteis no processo de autodesenvolvimento de que tratamos aqui.

Referências

ANTUNES, L. *et al. Soft skills: competências essenciais para os novos tempos*. São Paulo: Literare Books International, 2020.

CASNOCHA, B.; HOFFMAN, R. *Comece por você*. Rio de Janeiro: Alta Books, 2019.

FASCIONI, L. *Atitude pró-inovação*. Rio de Janeiro: Alta Books, 2021.

RATH, T.; CLIFTON, D. *Descubra seus pontos fortes*. Rio de Janeiro: Sextante, 2019.

REIS, T. *Darwinismo digital: como a tecnologia disruptiva está mudando os negócios para sempre*. Disponível em: <https://www.linkedin.com/pulse/darwinismo-digital-como-tecnologia-disruptiva-est%C3%A1-mudando-reis/?originalSubdomain=pt>. Acesso em: 10 ago. de 2022.

WIKIPEDIA. F. Disponível em: <https://pt.wikipedia.org/wiki/F%C3%A9nix>. Acesso em: 18 ago. de 2022.

2

AUTOMOTIVAÇÃO COM FOCO E AÇÃO

A vida, a empresa, os relacionamentos, os clientes, a conta bancária, são nossos caminhos do dia a dia. Isso é nosso presente. A maioria fica reclamando do passado, quando nem mesmo fez nada, apenas esperou acontecer. Às vezes, mesmo cansados, é melhor caminharmos mais alguns quilômetros só para chegarmos aonde a experiência nos fará melhor.

AGENOR BRANDALISE

Agenor Brandalise

Contatos
agenor@agebran.com.br
41 99881 4344

Master coach formado pela Sociedade Brasileira de Coaching; *master coach* formado pela IDHECO; *master leader coach* formado pela IDHECO; *master coach* formado pelo Instituto Leeman. *Master coach* formado pela Febracis; *meta coach* formado pelo Instituto MC/NS; *master practitioner* formado pela Sociedade Brasileira de PNL; *master practitioner* formado pela SIPNL.

A vida, a empresa, os relacionamentos, os clientes, a conta bancária, são nossos caminhos do dia a dia. Isso é nosso presente. A maioria fica reclamando do passado, quando nem mesmo fez nada, apenas esperou acontecer.

Sim, a maioria fica sentada, uma espécie de hospício romântico. Não escreve seus sonhos, desejos, em uma folha de papel e sai procurando ajuda.

Em alguns lugares, necessitamos olhar com redobrada atenção para encontrar algo bom. Já outros lugares ou outras pessoas nos agradam de cara. Há uma química perfeita que não tem nada a ver com classe. Tem a ver com crenças e valores.

Às vezes, mesmo cansados e estropiados, é melhor caminharmos mais alguns quilômetros só para chegarmos aonde a experiência nos fará melhor. Lembre-se de que somos a média das cinco pessoas com quem mais convivemos.

Supervisor *vs.* supervisor

Somos o contratante e o contratado; somos os nossos heróis, nossos anjos da guarda, como também somos nossos sabotadores, nossos vilões. Assim, é só FOCO e AÇÃO. As pessoas apoiam o mundo que elas ajudam a criar.

Autodireção

Devemos ser automotivados, pois o líder é um solitário, termina o mês ou o ano e ele já está pensando no dia seguinte, no mês seguinte, no ano seguinte. É confiante em tomar rápidas decisões, demonstra uma atitude para com os colaboradores bem positiva, sempre tem uma palavra de consolo. Quanto é sua boa vontade em aceitar novos desafios, pois problemas não existem. O que existe é desafio para seu momento de autoliderança.

Habilidades com processos

Trabalhar eficazmente com os outros e saber delegar. Desenvolver e manter processos e procedimentos que direcionem a inovação, o planejamento; definir metas de desempenhos, utilizar eficientemente o tempo, delegar, analisar problemas e tomar rápidas decisões. Equilibrar os resultados desejados da visão e dos planos com uma avaliação acurada da performance real e manter as pessoas responsáveis por resultados pré-determinados.

Habilidades com pessoas

Trabalhar eficazmente com pessoas mesmo não concordando com elas e resolver desacordos com eficácia. Contribuir para uma atmosfera, um ambiente de mais confiança e integridade. Mostrar respeito pelas opiniões dos subordinados e até incentivar que elas apareçam. Ajudar os engajados a verem as mudanças e até apoiar as oportunidades de crescimento. Qualquer ideia vale um elogio, pois a criatividade vem do nada. Desenvolver o potencial humano e fortalecer relacionamentos por meio da confiança e respeito mútuos – isso é liderança atuante, não chefia abstrata. Liderança é criar ambientes que levem as pessoas a atingirem objetivos maiores.

Avaliação & *coaching*

Agir rapidamente para resolver conflitos. Liderar eficazmente o crescimento e o desenvolvimento dos colaboradores, membros da equipe. Manter o ceticismo dentro dos limites. Ter uma escuta ativa é a ferramenta número um de qualquer *coach*, a segunda é saber perguntar. Todo cuidado é pouco. Não queira ganhar uma discussão, um ponto de vista: discussão não se ganha. Releva-se, aprende-se com ela. Enxergue sempre do ponto de vista da outra pessoa.

Autorresponsabilidade

Gerencie o sistema, lidere pessoas. Você é (e deve ser) responsável pelas suas ações e seus resultados. Seja um exemplo. Tempo: quanto tempo você gasta para realizar seu trabalho? Custo: quanto custa o tempo que emprega para apresentar esse resultado? Qualidade: o mais alto custo é o maior ladrão de tempo que existe: a tirania do urgente em detrimento do importante. Fazer o certo sempre certo.

"Bom" é inimigo de "melhor"

1) Escute com os olhos

Desenvolva uma escuta ativa, escute mais com os olhos do que com os ouvidos. Quando escutamos com os olhos, entendemos de onde vem a informação.

2) Enxergue do ponto de vista da outra pessoa

Quase sempre ela tem uma melhor perspectiva do que eu.

3) Fale somente o que interessa para a outra pessoa

Seu cliente não sabe escutar com os olhos, então só fale o que realmente interessa a ele, guarde suas mágoas, rancores e frustações para seu psicólogo.

4) Não discuta

Não ganhamos uma discussão. Sempre perdemos.

5) Feedback positivo

Fale em público o que as pessoas fizeram de bom e em particular o que poderia ser melhor.

Compromisso para construir confiança

Tenha ou crie uma planilha de administração do tempo, e ocasionalmente a use pelo menos por uma quinzena. Anote, desde o momento em que você acorda, todos os seus passos, se possível de meia em meia hora. E você verá que não é tão produtivo como pensa que é. Sua autoconfiança vem, por incrível que pareça, de três coisas.

1. 150 minutos de caminhadas semanais.
2. Dormir no mínimo oito horas por dia.
3. Socialização regada à água.

Planejamento

Refere-se ao resultado esperado. Não economize dados, informações.

- **Situação atual:** descreva a situação atual, com todos os detalhes.

- **Objetivos:** enumere-os, saiba exatamente o que quer, as ações a serem tomadas, uma a uma, com alternativas.
- **Tempo:** estabeleça o tempo para todas as etapas.
- **Recursos:** cada etapa tem um custo, uma pessoa, um tempo. Equilibre custos e benefícios.

Tenha um Plano B, saiba sair pela tangente, pois vão aparecer obstáculos não previstos.

- **Avaliação:** o êxito de uma tarefa está no acompanhamento.

Treinamentos

O verdadeiro líder sempre estará atento a seu estilo de liderança – e essa observação elevará sua autoliderança. Devemos participar de dois a três treinamentos presenciais por ano.

Coaching

Coaching é um processo que o ajuda a ver o futuro. Identifica habilidades que você possui. Lida com o presente. Leva-o do ponto A ao ponto B, desde que você saiba o que quer.

3

ENTENDENDO A INOVAÇÃO DISRUPTIVA

O mundo continua evoluindo, construindo e destruindo valor, tanto nas organizações como no cotidiano das pessoas. Por falar em pessoas, não podemos perder a perspectiva de que são elas que fazem as coisas acontecerem. Esqueça-se das paredes, das fábricas, das ferramentas, de tudo o que seja consequência daquilo que fazemos. Entenda de uma vez por todas que será você a pessoa que provocará as mudanças ao longo da sua vida e que elas, as pessoas, mudarão o mundo e tudo o que orbita em volta dele. Abordaremos o tema disrupção neste capítulo, e nada melhor do que falar sobre elefantes que não voam. Será? Essa é a pergunta que fica. Reflita sobre isso.

ALEXANDRE STIGERT

Alexandre Stigert

Contatos
www.alexandre.stigert.com.br
astigert@gmail.com
astigert@outlook.com
21 98862 2240
+244 930 871 656

Tem 40 anos de experiência em empresas nacionais e multinacionais dos segmentos de produtos de consumo de massa, cuidados pessoais e beleza, embalagens, construção civil, serviços financeiros, agronegócio e varejo, com *expertise* em gestão, planejamento, operações comerciais e reestruturação empresarial, visando a melhoria de processos, gestão e estruturação orçamentária e estudo de cenários. Especialista em gestão de equipes multidisciplinares, expansão empresarial e transformação digital, com foco em rentabilidade, soluções estratégicas e crescimento sustentável. Ampla atuação nas áreas de *supply chain*, vendas, *brand & trade marketing*, RH, projetos de TI relacionados a sistemas de gestão empresarial e sistemas de vendas & gestão de clientes. Atuou em conselhos consultivos, concluindo recentemente o curso de certificação da CELINT para voltar a atuar ativamente em conselhos consultivos. Tem experiência internacional, trabalhando e residindo em diversos países. É professor do MBA da FGV e autor do livro *Estratégia de distribuição e gestão de canais comerciais* (FGV Mngt/IDE/FGV 2019).

Atualmente, ouvimos muito sobre a tecnologia disruptiva: que ela provoca mudanças, destrói paradigmas e constrói outros a cada segundo.
Quando mencionamos algo sobre elementos disruptivos, estamos dizendo que algo diferente aconteceu e que veio para mudar o *status quo* de uma empresa, de um círculo de amigos, de qualquer ambiente que esteja sujeito a mudanças sem determinar dia, hora e quem a fará.

Vivemos em uma era de total disrupção. Esqueça a "receita de bolo da vovó". Uma nova tecnologia, novo serviço, um novo canal de comunicação pode mudar sua vida e criar um efeito cascata na sociedade.

Quem poderia imaginar que um telefone móvel se tornaria um computador de mão? Que tudo o que precisamos está ao alcance de um clique?

Seguramente você já ouviu algo sobre fintechs, youtubers, Instagram, redes sociais e outros serviços e tecnologias que a cada segundo mudam você, mudam o meio onde você vive!

Estamos rompendo tudo aquilo que fora estabelecido! Já ouviu falar da lei de Moore? Ela dizia que o ciclo de mudança e evolução dos semicondutores traria novos avanços a cada 18 meses. Esqueça isso! Esse paradigma foi totalmente destruído e vemos a cada momento novas tecnologias e serviços mais ágeis, mais digitalizados, mais intuitivos e que trazem conforto, agilidade e conforto para as nossas vidas!

Estamos caminhando para o multiverso, para a realidade aumentada e virtual a passos largos a fim de introduzir a inteligência artificial no nosso dia a dia. Lembro-me de um filme, *Minority Report,* com Tom Cruise. Nesse filme, víamos a cognição, o reconhecimento facial propondo roupas de acordo com seu gosto pessoal, carros movidos a eletricidade e células de hidrogênio! Isso foi em 2002! Todos imaginávamos que aquilo era uma utopia e que os crimes nunca poderiam ser previsíveis. Lembra-se disso? Pois é, já temos essas tecnologias e serviços ao alcance das nossas mãos; e não se preocupe, isso é só o começo! Bem-vindo à era do impossível, que continuará acontecendo e mudando nosso jeito de ser, viver e interagir com as pessoas e as organizações.

O conceito foi originalmente desenvolvido por Clayton M. Christensen, professor e acadêmico de Administração da Universidade de Harvard e autor do livro *O dilema da inovação*, da editora Mbooks. Porém, antes da edição do livro, Christensen já havia dados alguns *insights* sobre sua teoria da inovação disruptiva em um artigo publicado em 1995, coescrito com Joseph L. Bower. De acordo com eles, a disrupção ocorre quando "uma empresa com menos recursos é capaz de desafiar com sucesso as empresas já estabelecidas". Nesse caso, eles reforçaram a necessidade de romper paradigmas, pensar diferente, e não somente melhorar produtos e serviços que já estão estabelecidos e reconhecidos pela sociedade.

A inovação disruptiva, também conhecida como tecnologia disruptiva, é um termo que descreve como um novo produto ou empresa — começando inicialmente com aplicativos ou ofertas simples — avança implacavelmente no mercado, substituindo empresas ou produtos estabelecidos. A inovação disruptiva altera a forma como as organizações existentes fazem negócios e impacta negativamente as empresas que não se adaptam.

As empresas estabelecidas inovam; no entanto, a inovação é direcionada para seus segmentos de mercado mais sofisticados e exigentes. As empresas obtêm os maiores lucros cobrando preços altos nesses segmentos.

A inovação disruptiva também torna os produtos ou serviços que, historicamente, estavam disponíveis apenas para consumidores ricos ou qualificados acessíveis à população em geral.

Mesmo uma empresa menor, com poucos recursos, pode substituir uma empresa bem-sucedida e estabelecida. Isso pode acontecer quando a empresa menor visa aos segmentos de mercado que foram negligenciados pelas empresas estabelecidas porque esses segmentos podem não ser tão lucrativos quanto outros. Assim, à medida que as empresas maiores e estabelecidas continuam a melhorar os produtos e serviços para seus segmentos lucrativos, a empresa menor ganha uma posição no mercado de entrada ou alcança um novo segmento de mercado que as empresas estabelecidas não perceberam.

Geralmente, empresas menores ou *startups* entram no mercado com tecnologias inovadoras. Elas usam essas tecnologias para fornecer produtos e serviços projetados especificamente para os segmentos de mercado que foram negligenciados pelas empresas líderes.

A ruptura ocorre quando os clientes típicos das empresas estabelecidas começam a usar os produtos e serviços das empresas menores, em volume considerável. Enquanto as empresas estabelecidas se concentram na inovação sustentada, as *startups* e as empresas menores se concentram na inovação disruptiva.

Quando a inovação disruptiva entra no mercado típico, as empresas líderes se adaptam à nova tecnologia em resposta à concorrência. No entanto, neste momento, a empresa de menor porte já se estabeleceu no mercado e teve tempo suficiente para refinar o modelo de negócios e o produto ou serviço oferecido. Sendo assim, reagir à concorrência com a nova tecnologia não será suficiente para a empresa estabelecida. Leva tempo e várias interações para desenvolver produtos; portanto, a recuperação torna-se difícil.

Empresas disruptivas exploram tecnologias para fornecer produtos de diferentes maneiras. Muitos clientes hesitarão em mudar, apesar dos preços com desconto, até que a qualidade do produto ou serviço seja melhorada. E quando a qualidade do produto ou serviço melhora, um número considerável de clientes começa a usá-los, o que acaba derrubando os preços de mercado.

Nos dias de hoje, esse processo foi acelerado com o advento da internet, da telecomunicação móvel e seus dispositivos.

Mesmo nós, seres humanos, representados pela sociedade em geral, passamos pelo mesmo fenômeno quando a globalização quebrou as fronteiras do conhecimento, encerrado em certas partes do planeta, e tornou o conhecimento humano algo indivisível e coletivo. Passamos a viajar mais, conhecer novos mundos, novas culturas e empreender mais sem o medo de assumir os riscos inerentes aos processos inovativos. Ou seja, nos tornamos disruptivos e eliminamos barreiras, produtos e serviços que fizeram parte de nossas vidas até então.

Tratemos um pouco de intuição, lógica e modelos não inventados, ainda. Se procurarmos na lógica a razão da inovação disruptiva, vamos encontrar um mundo sem lógica, apesar de os processos funcionarem como um mecanismo disciplinar orientados à inovação. Não pretenda pegar um pedaço de papel e começar a escrever um modelo para estruturar as ideias, teorias ou pensamento. Esse fenômeno acontece de maneira imprevisível, buscando acertar e errando, "disparando no que você viu e acertando no que você não viu!"

Via de regra, um novo participante entra no mercado já existente com uma nova tecnologia ou um novo modelo de negócios, ou até mesmo com a combinação de ambos, entregando um novo tipo de valor totalmente diferente das ofertas de produtos e serviços estabelecidos e conhecidos pelo mercado. De acordo com Christensen (2011), em seu livro *O dilema da inovação*, uma estratégia de inovação disruptiva poderia se basear em uma proposta de valor, processos e recursos disponíveis. Neste sentido, o disruptivo é algo positivo, já que se trata de uma forma de inovar. Enfim, quando algo é feito de maneira radical, diferente e revolucionária, significa que estamos diante de uma proposta disruptiva.

Não espere acontecer, faça acontecer!

De modo geral, as pessoas têm certa dificuldade de sair da inércia, porque acreditamos que tudo virá até nós, que o sucesso está logo ali, esperando por nós. Essa crença não nos deixa abrir a mente, romper com a mesmice e sair em busca do que queremos construir para desfrutar de uma condição social adequada e alinhada com os nossos objetivos.

Não existe uma regra ou uma fórmula matemática que nos ensine a romper a inércia, mas aqui vão algumas dicas para você refletir.

Exercite sua imaginação! Pense naquilo que você gostaria de ser e não em ser o que você é. Se você não se desafiar todos os dias, acabará aceitando a monotonia do dia a dia.

Arrisque com ou sem prudência! Pessoas que buscam superar os desafios geralmente encontram soluções simples para atingir suas metas. Você não fará nada errado se não errar. Dê-se esse direito.

Converse, fale, se relacione! Conhecer pessoas e novos lugares é a ignição das mudanças. Entender as pessoas e novas culturas abre novos horizontes, novos caminhos, exercita a mente. Faça isso e você começará a descobrir que o que é errado para uns é certo para outros.

Enfim, a fórmula mágica que você procura não existe. Você entenderá que você mesmo é o motor da disrupção criativa. Um certo cantor, em um certo momento escreveu uma música com o seguinte refrão: "vem, vamos embora, que esperar não é saber! Quem sabe faz a hora, não espera acontecer!" Acredite! Você pode!

Casos de disrupção criativa

Vejamos alguns bons exemplos, entre centenas deles, que mudaram nossa maneira de agir, atuar, interagir, de vivermos mais, de sermos mais produtivos com menos energia.

O relógio do capitão Kirk do filme *Jornada nas estrelas*

Quem poderia imaginar que a ficção científica se tornaria realidade!

Hoje temos entre nós relógios digitais que têm a capacidade de fazer e receber chamadas, além de inúmeras outras funcionalidades que tornaram o nosso modo de viver mais fácil e simples.

Alguns desses dispositivos salvam vidas, por meio de mecanismos de ligações automáticas para médicos e hospitais; podemos medir nosso nível de oxigênio, planejar atividades físicas, encontrar lugares, ler notícias, previsão climática, jogar, usar calculadora, além de inúmeras outras funções. Ah! Também podemos consultar a hora do dia!

E nos próximos cinco anos poderemos esperar novas funcionalidades, tais como medição de pressão sanguínea, glicemia no sangue, entre outras.

Máquinas fotográficas de filme de rolo *vs.* mundo digital

Não faz muito tempo, fotografar uma paisagem ou uma pessoa era uma atividade dividida em várias etapas: comprar a máquina, depois comprar o filme, tirar a foto, ir a uma loja de revelação e esperar alguns dias para receber suas fotos, e tudo isso sem saber se as fotos estariam nítidas ou simplesmente "queimadas". A Kodak, empresa norte-americana, era a líder de mercado e, por incrível que pareça, já havia criado a primeira máquina fotográfica digital, entretanto; decidiu não apresentar a novidade e manter seu *status quo*.

Pouco tempo depois, começaram a surgir as máquinas digitais e os telefones inteligentes (*smartphones*) eles quase deixarão de existir como organização por perderem o tempo correto para implementar a inovação, que eles mesmos já tinham dentro de casa.

Atualmente, não vemos mais máquinas fotográficas digitais para uso familiar. Esse mercado agora pertence aos fotógrafos, os profissionais que contam com inúmeros recursos tecnológicos para criar uma verdadeira obra de arte. Quanto a nós, temos conosco um telefone inteligente com belas lentes ópticas para tirar (e depois produzir) aquela linda e perfeita foto que será compartilhada com familiares e amigos.

Fica aqui a constatação de que a crença no *status quo* destrói valores, destrói empresas, destrói mercados. Portanto, nunca deixe de acreditar que você pode ser destronado rapidamente.

Outro exemplo de grande inovação disruptiva é a Netflix. Inicialmente, oferecia um serviço de aluguel de DVD pelo correio e depois mudou para um serviço de *streaming* de filmes on-line baseado em assinatura. Durante a década de 1990, a indústria de aluguel de vídeo foi dominada pela Blockbuster. No entanto, nos anos 2000, a Netflix entrou no mercado e teve como alvo os segmentos ignorados pela Blockbuster e, assim, a Blockbuster começou a perder receita substancial.

Mesmo quando a Netflix mudou seu modelo de negócios para um serviço de *streaming* on-line, a Blockbuster estava ganhando bilhões. Com seu serviço on-line acessível e mais flexível, a Netflix começou a atrair também não clientes. Em resposta à concorrência, a Blockbuster lançou seus serviços equivalentes. No entanto, neste momento, a Netflix já havia se estabelecido no mercado.

Nubank

A mudança de foco do Nubank interrompeu o mercado, removendo muitas das barreiras à entrada que os brasileiros frequentemente enfrentam ao tentar obter crédito. O modelo de negócios da incrível inovação disruptiva chamada Nubank vai contra tudo em que o setor financeiro no Brasil foi construído.

Com base nos quatro principais pilares de tecnologia, ciência de dados, *design* e experiência do cliente, o Nubank apresentou aos clientes um novo padrão em serviços financeiros. O *design* e a experiência do aplicativo, além de esteticamente agradável, têm um objetivo claro: devolver o poder e o controle às mãos do cliente. Assim, o usuário pode bloquear e desbloquear seus cartões de crédito, pagar suas contas, ter acesso a todas as suas despesas em tempo real e alterar seus limites de crédito. Além disso, o aplicativo é intuitivo, moderno e limpo, elementos que são difíceis de se encontrar nos aplicativos financeiros brasileiros.

Em suma, podemos concluir que a criatividade disruptiva veio para ficar e acelerar a entrada de novos produtos e serviços no mercado que privilegiem eficiência, simplicidade, uso intuitivo, escalabilidade, conveniência e melhor relação custo-benefício.

Referências

ARGO SOLUTIONS. *Exemplos de inovação disruptiva*, 2020. Acesso em: ago. 2022.

CHRISTENSEN, C. M. *O dilema da inovação*. São Paulo: M Books, 2011.

FIA BUSINESS SCHOOL. Inovação disruptiva: o que é, importância e exemplos, 2019. Disponível em: <https://fia.com.br/blog/inovacao-disruptiva/>. Acesso em: ago. de 2022.

WIKIPEDIA. *Inovação disruptiva*. Disponível em: <https://pt.wikipedia.org/wiki/Tecnologia_disruptiva>. Acesso em: ago. de 2022.

4

MARKETING HÍBRIDO
O NOVO MARKETING

O marketing híbrido é uma estratégia que vem crescendo muito como uma ferramenta fundamental para conquista e fidelização de clientes, pois associa os melhores recursos digitais ao fator humano das organizações, para atender às necessidades e os desejos dos clientes, construindo um relacionamento que valoriza e entende não só o comportamento de compra do cliente, mas também como atraí-lo, para que ele se sinta compreendido.

ANDERSON ALMEIDA

Anderson Almeida

Contatos
www.andersonalmeida.com.br
contato@andersonalmeida.com.br
Instagram: @andersonfiji
81 99741 6740

Bacharel em Direito de formação, com especialização em Marketing e Neuromarketing. Diretor da Agência Fiji, há mais de nove anos no mercado, com mais de 200 clientes na carteira de atendimento; especialista em negócios digitais e experiência do cliente. Idealizador e cofundador do Instituto Meu Autista, primeira plataforma multidisciplinar da América Latina para pessoas com autismo. Sócio-fundador e atual diretor de marketing e tecnologia do N9Bank.

Nos dias de hoje, com o fortalecimento da internet e das redes sociais, é muito comum que o marketing seja associado somente aos meios e ferramentas digitais, tanto é que, quando se fala em marketing hoje, lembra-se logo das redes sociais. Para evitar esse pensamento comum, definiremos marketing como um conjunto de atividades e técnicas que busca entender e atender às necessidades dos clientes, antecipando os desejos e expectativas que podem criar um relacionamento entre a empresa e os clientes, atraindo a atenção, criando interesse, despertando desejo e fazendo a chamada para a ação. Dessa maneira, podemos entender que o marketing não é uma fórmula pronta, não é uma receita de bolo para que as pessoas se atraiam pelo seu produto ou marca. Mais que isso: para que se tornem seus clientes, é preciso construir um relacionamento com eles.

A construção de um vínculo é algo natural dos seres humanos, somos seres sociáveis, organizados em sociedade desde o princípio dos tempos, por isso é natural que, em um relacionamento, ainda que de consumo, também seja fundamental criar e gerar vínculo.

Aqui iniciamos a nossa grande questão: somente a internet e as redes sociais são suficientes para criar esse vínculo com os clientes atuais e potenciais?

Infelizmente, a resposta é não, pois, por mais que essas sejam ferramentas muito úteis, de fácil acesso aos usuários e com grande potencial de escala, elas não são o suficiente para gerar um relacionamento, visto que o que falta é justamente o fator humano nesse processo.

A organização da sociedade e o próprio perfil de consumo das pessoas são influenciados por seus pares e pela relação que criam com as marcas; por isso, muitas vezes, mesmo que as pessoas não precisem efetivamente de determinado produto ou serviço, acabarão comprando-o pelo vínculo que foi construído. Por esse motivo, os influenciadores crescem tanto no Brasil. Eles geram um grande relacionamento entre marca e cliente por alguns motivos: personalidade, humanização e a apresentação do produto. Algumas marcas conseguem criar um grande relacionamento com seu cliente, como a Apple. O iPhone é mais que um *smartphone*, pois propõe aos seus usuários um estilo de vida, um padrão de comportamento e, além disso, a noção de pertencimento, criando um grupo que se identifica por possuir o aparelho. Esse relacionamento é tão forte que a marca lança, ano após ano, novos aparelhos com novas funções e com preços que são considerados muito superiores quando comparados a outros *smartphones*, e ainda assim as vendas apresentam crescimento exponencial em todo lançamento e se mantêm em alta mesmo após o impacto do lançamento inicial. Destacamos que, nesse cenário, não é somente a propaganda ou o relacionamento digital entre consumidor e produto que importa, o relacionamento começa na experiência gerada em cada lançamento e também nas lojas físicas, com pessoal treinado não só para vender, mas também para promover encantamento, dar informações e até mesmo oferecer assistência técnica de alto padrão.

É possível perceber, então, que nesses casos há um casamento perfeito entre o digital e o humano; e isso é um excelente exemplo de marketing híbrido.

O marketing híbrido é uma estratégia que visa à união entre os recursos digitais, que são de suma importância, e os recursos humanos, como atendimento individual e personalizado, contribuindo para a relação entre usuário e marca, com atenção aos detalhes e compreensão das necessidades e desejos dos clientes. Cria-se, assim, uma relação de confiança que consequentemente aumenta as vendas e gera maiores resultados diante daquelas empresas que utilizam as estratégias digitais, mas negligenciam o fator humano.

Atualmente, inúmeras empresas reduzem seu atendimento somente ao ambiente digital, investindo em redes sociais e recursos de ponta como *chatbots* para tirar as principais dúvidas e simular um atendimento personalizado. Mas, na verdade, muitas demandas não conseguem ser supridas somente por meio desses recursos, muitas vezes deixando o cliente aborrecido com esse atendimento robotizado.

Para que o cliente sinta que suas necessidades são realmente consideradas, ele tem que se sentir acolhido, integrado ao espaço e à marca ou produto, com atendimentos que resolvam suas dúvidas e também aproveitem a oportunidade para entender os desejos e as necessidades, podendo ofertar novos produtos e serviços de acordo com o real objetivo do cliente. Sendo assim, é importante que as empresas façam investimentos equivalentes em marketing digital e nos recursos humanos da sua empresa.

Como investir em marketing digital e recursos humanos?

Deve-se focar em treinamento, *script*, ferramentas, capacitação do atendente e entregar sempre um atendimento de qualidade. Sua página na rede social pode ser impecável; porém, se o atendente tiver uma postura inadequada ou mesmo cometer muitos erros de português em um atendimento on-line, a credibilidade da sua marca diminui.

Muitas empresas tendem a acreditar que o relacionamento digital na era digital é suficiente para engajar e manter clientes; contudo, esse é um dos grandes erros que as empresas cometem atualmente, já que se sentir valorizado é o que constrói uma relação de maneira simples, pois as pessoas querem ser ouvidas. Por isso, é extremamente importante que sua equipe de atendimento esteja preparada para ser cada vez mais híbrida, para receber o *lead* (alguém que forneceu suas informações de contato cadastrando-as em um formulário, que é captado por meio de recursos digitais), mas de maneira personalizada, conhecendo o perfil do consumidor, seus desejos e se preparando para atendê-lo da melhor maneira possível, sanando todas as suas reais necessidades.

Os treinamentos devem envolver parâmetros como a abordagem do cliente e o tipo de comunicação, que deve primar sempre pela assertividade e pela excelência, eliminando vícios que são comuns e que diminuem as chances de gerar relacionamento.

Erros comuns que muitas empresas cometem:

1. Não se importar com a escrita: seu texto deve seguir as normas gramaticais, ainda que a comunicação seja mais informal, os erros não devem ser encorajados.
2. Chamar todo mundo de "dona", "senhora": para ter um relacionamento com seu cliente, você precisa saber pelo menos o nome dele, certo? Chame-o pelo nome! Evite chamá-lo de "meu bem", "flor", "amor" ou algo semelhante.
3. Não ouvir ou ler a solicitação do cliente: seu cliente só quer ser ouvido, relatar sua dor ou necessidade, por exemplo: o cliente pede: "Me explica como funciona aqui pelo WhatsApp..." e você liga para explicar.
4. Não solicitar que o cliente salve seu contato.
5. Escrever a mensagem toda em caixa alta: parece que você está gritando com o cliente, quando na verdade a mensagem deveria ser gentil e agradável.
6. Não pedir para colocar as pessoas em lista de transmissão ou grupo.
7. Não enviar mensagem de relacionamento.
8. Demora no atendimento.
9. Forçar a compra na primeira conversa: o ideal é fazer uma lista de contatos e cronograma para vender novamente. Você pode usar uma agenda

ou CRM (*Customer Relationship Management*, um termo em inglês que pode ser traduzido como "Gestão de Relacionamento com o Cliente").
10. Ser seco ou muito objetivo nas respostas: isso faz o cliente pensar que você não se importa com o atendimento.

Esses são cuidados simples, mas que fazem toda a diferença na hora de prestar um atendimento mais personalizado, valorizando o cliente e suas necessidades, sendo muitas vezes um grande diferencial, já que muitas empresas não se preocupam com esses pontos.

O marketing híbrido usa o poder do digital sem esquecer que as pessoas precisam de interação e atenção humana, e que isso faz toda a diferença no comportamento de compra.

Mas aí você pode pensar que há empresas que possuem uma marca digital muito forte, embora ainda tenham espaços físicos e que funcionam perfeitamente bem, certo? O Magazine Luiza é um exemplo disso, mas vamos voltar os nossos olhares para a Lu do Magalu, aquele avatar que mais parece uma pessoa real e que grande parte dos brasileiros conhece, até mesmo o mundo, já que sua figura já conquistou lugares como a Times Square, em Nova York. Tendo conquistado o posto de maior influenciadora virtual do mundo, segundo o site *Virtual Humans* em 2022, sua criação foi uma estratégia de marketing para atrair, conquistar clientes novos e fidelizar os que já eram recorrentes, ajudando-os a utilizar os produtos.

Pedro Alvim, gerente sênior de conteúdo e redes sociais do Magazine Luiza, disse que a Lu foi criada para melhorar e dinamizar o processo de compras, pois, de acordo com ele, a experiência de compra era muito fria; as pessoas tinham até medo de colocar os dados do cartão de crédito para finalizar as compras no site da loja. Dessa maneira, a Lu foi projetada para ser um avatar com experiências e situações próximas da vida real, a fim de humanizar não só o processo de compra, mas também aproximar as vivências dos usuários e dos consumidores das que são mostradas pela ilustração.

A Lu se tornou um sucesso de publicidade. As pessoas sabem que ela é um avatar, mas mesmo assim tiram fotos e interagem com ela, registrando inclusive os "encontros". Outro ponto a ser destacado é que, embora represente o Magazine Luiza, seu sucesso é tamanho que ela faz parcerias com outras marcas, como a Adidas, além de interações com outros artistas como a cantora Anitta, com o objetivo de atrair os olhares e o interesse do público mais jovem, já que a personagem tem cerca de 31,2 milhões de seguidores em todas as suas redes sociais (EXAME, 2022).

Podemos perceber então que, ainda que tenha sido criada como uma estratégia de relacionamento, seu potencial foi além e hoje ela por si só se tornou um elemento representativo da marca, conhecida por todo o público, cumprindo a função de humanizar o processo de compra, a experiência do site e ainda variar o perfil dos clientes. Essa iniciativa da empresa Magazine Luiza valoriza e atende às necessidades de seus clientes de modo diferente, se atentando a detalhes da segurança do processo de compras, promovendo bem-estar, vínculo, relacionamento e entretenimento para quem escolhe utilizar seus serviços e realizar compras.

Como eu disse no início, não existe uma fórmula mágica em relação ao marketing híbrido, cada empresa pode usá-lo e adaptá-lo conforme suas próprias realidades e as necessidades dos clientes, considerando seu ramo de atuação, localização, faixa etária de seus consumidores, interesses, entre outras coisas para desenvolver suas próprias estratégias. Agora, é fundamental que o on-line e o offline caminhem juntos, usando o poder de ambos para que seu negócio tenha um relacionamento de verdade com seu cliente.

As empresas que conseguirem entender isso e aplicar as técnicas que envolvam o digital e o humano têm grandes chances de se destacarem no mercado, conquistar novos clientes e melhorar a relação com os que já são fiéis a sua marca ou produto. Isso tudo vai além do marketing tradicional, gerando cada vez mais resultados, o marketing híbrido trabalhado dia após dia contribui para uma relação que beneficia ambos os lados, pois além de fidelizar o cliente, sanando suas dores e necessidades, implicará diretamente no faturamento da empresa.

Em resumo, o marketing híbrido é o novo marketing e tem contribuído para o crescimento de inúmeras empresas no mundo inteiro.

Chegou o momento de sua empresa faturar mais usando o poder do relacionamento.

Referências

AGÊNCIA O GLOBO. Lu, do Magalu, vira a influenciadora virtual com mais seguidores no mundo. *Exame*. Disponível em: <https://exame.com/pop/lu-do-magalu-vira-a-influenciadora-virtual-com-mais-seguidores-no-mundo/>. Acesso em: 12 ago. de 2022.

CABRAL, I. *O que é chatbot? Entenda como funciona o robô que conversa com você*. Disponível em: <https://www.techtudo.com.br/noticias/2018/03/o-que--e-chatbot-entenda-como-funciona-o-robo-que-conversa-com-voce.ghtml>. Acesso em: 10 ago. de 2022.

5

OPORTUNIDADES
CRIE SUAS PRÓPRIAS!

Em um mundo repleto de oportunidades, onde nada é garantido, vamos caminhando, sonhando e vivendo entre tentativas, erros e acertos, mas sem perder o ritmo, criando nossas próprias oportunidades, nossa própria realidade com criatividade e olhar altruísta sobre todas as coisas...

ANDRÉ JARCOVIS

André Jarcovis

Contatos
al.jarcovis@hotmail.com
Instagram: @andre_jarcovis

Em 2001, aos 14 anos, cursando o ensino médio, o autor deu início a sua vida profissional como técnico em eletrônica, aprendendo a profissão de maneira prática, tendo como professores seu pai, seu tio e seu primo, e também de modo autodidata! Completou o ensino médio em 2004! Em 2011, iniciou seus estudos e qualificações em terapias alternativas, sendo eles: acupuntura auricular, moxaterapia e ventosaterapia pela escola Atmam (2011); terapia acupunturista com especialização em estética pelo Centro de estudos Shen Long (Mestre Celso Iamamoto, 2012); acupuntura coreana pelo Koryo Hand Acupuncture Therapy Institute, Seul, Coreia do Sul (professora Miyoko Onishi, 2013); especialização em craneoacupuntura pelo Centro de estudos Shen Long (2013); terapia pânica MCKS pelo Institute for Inner Studies, Inc. Manila, Filipinas (mestra Ruth Nakabayashi, 2013 a 2016).

Cada um de nós veio para cumprir uma missão única...
DOR LEON ATTAR

Olá, eu sou André Jarcovis! Você não me conhece, pelo menos até agora. Dizem que nada é por acaso, ninguém cruza nosso caminho ou passa pelas nossas vidas sem que realmente haja um motivo, por menor que seja. Uma coisa é certa: se você está lendo isto neste exato momento é porque é assim tinha que ser! Não existe acaso! Eu tive a oportunidade de escrever, e não a desperdicei; e você a oportunidade de ler! Tudo bem, parece uma afirmação boba e óbvia, mas é genuína! Eu poderia estar fazendo qualquer outra coisa, mas decidi falar com você, e se me permitir, eu vou lhe mostrar, de modo muito simples e prático, como as oportunidades estão a nossa volta e como é possível criá-las mesmo nos cenários mais difíceis.

Vivemos em um mundo em que cada vez mais as pessoas procuram de maneira incessante sucesso, conforto, riquezas, prosperidade... Bom, não vamos entrar em detalhes ou querer explicar as diferenças de significados dessas palavras, mas sim ser objetivos: estamos falando do mundo físico, material, estamos falando de dinheiro ou pelo menos do conforto que ele pode nos trazer e de como é possível que algumas pessoas aparentemente consigam tudo de modo tão fácil (ou pelo menos assim parece), enquanto outros se esforçam tanto, correm atrás, mas parece que nada dá certo, tudo acontece com dificuldade e sempre está faltando alguma coisa. Até aí nenhuma novidade, sempre estamos em busca de algo a mais; não importa o quanto avançamos, o quanto progredimos ou conquistamos, sempre estaremos em busca de algo novo, diferente ou melhor. Durante a nossa caminhada pela vida, vão surgir muitas e muitas oportunidades, mas elas não vêm com selo de garantia. Nada nem ninguém pode garantir que isso ou aquilo vai dar certo. As pessoas mais bem-sucedidas não tinham certeza de que ia dar certo, elas tinham simplesmente determinação, foco; simplesmente acreditavam em si mesmas. Quando você está focado, determinado, não sobra espaço para o medo, o medo de dar errado ou o que os outros vão achar etc. Não existe fórmula mágica. Sim, é isso mesmo! Se você achou que, em algum momento, eu fosse revelar um segredo ou ensinar uma fórmula mágica para o sucesso, se enganou. Fórmulas mágicas encontramos aos montes por aí, você já tentou alguma? Deu certo? Por favor, me avise se deu, pois até hoje não vi nenhuma!

A única fórmula mágica que existe é a ação! A fórmula mágica consiste em acreditar em si mesmo, ter uma visão positiva sobre todas as coisas e circunstâncias; é saber que mesmo nos piores momentos, com erros e fracassos, tudo isso faz parte, e desistir não é, nunca foi e nunca será uma opção, pois tudo é aprendizado! Tudo é para o bem! Embora tudo tenha origem em nossas mentes, sem a ação não passará de pensamentos e ideias em nossas mentes. Não existe atalho, não existe caminho fácil; aliás, ninguém disse que será fácil, tudo vai depender única e exclusivamente de você.

Crie oportunidades!

Não espere que as oportunidades apareçam e caiam no seu colo; não espere que as pessoas façam as coisas por você, isso não vai acontecer. O mundo não lhe deve nada! Mas você pode contribuir muito para ele! As oportunidades só se tornam oportunidades de fato quando nós damos atenção a elas. Nós estamos onde a nossa mente está! Vou dar um exemplo.

Digamos que você compre algo que queria muito, uma roupa, um tênis, um carro, alguma coisa que julgue ser única, exclusiva ou no mínimo rara, e depois que compra você começa a ver aquilo em todos os lugares, na rua, na TV, nos jornais, no vizinho da rua de baixo, como se fosse a coisa mais comum do mundo. Chega a ser intrigante, para não dizer assustador, mas nada mais é que sua mente focada! Tudo sempre esteve lá, você só não dava atenção suficiente para ver. Ou melhor, seu subconsciente fazendo aquilo que melhor sabe fazer: detectar e nos lembrar de um determinado tema, assunto ou objeto. Somos nós quem decidimos o que vamos captar, rastrear!

Nós vivemos onde colocarmos nossa mente, onde focamos a nossa atenção. Se focarmos nos problemas, eles se multiplicarão cada vez mais. Se focarmos em soluções, as teremos aos montes!

O sucesso é ir de fracasso em fracasso, sem perder entusiasmo

Você já deve ter lido ou escutado essa frase em algum lugar, certo? Ela é atribuída a grandes ícones da história mundial. Mas o que realmente nos interessa aqui é sua essência, a mensagem que ela nos traz.

Você já parou para pensar em como seria se nós não cometêssemos erros e fracassos? Se todas as nossas tentativas tivessem sucesso logo de primeira? Incrível, não? Mas pense bem: seria muito chato!!!

O sentimento de realização, de conquista está diretamente ligado a toda dificuldade, erros e fracassos que temos durante o percurso, só assim adquirimos conhecimento e experiência suficientes para nos sentirmos realizados.

Se entendermos que os erros e quedas fazem parte do processo e que não há como evitá-los, pelo menos até certo ponto, nos tornamos mais conscientes, tranquilos e seguros, não nos desesperando ao menor tropeço.

Princípios para qualquer realização

Seja qual forem seus planos e objetivos, existem princípios básicos e essenciais que não podem ser ignorados. Não importa o tamanho dos seus planos e metas, pois esses princípios são essenciais e devem ser colocados em prática. São como alicerces de uma casa: você pode até se preocupar com o acabamento, qual piso ou torneiras vai usar, a parte elétrica, as cores das paredes e tudo o mais, só que nada disso vai adiantar se não tiver uma base sólida e bem-feita. Vamos lá.

Tenha um mentor!

O mentor vai ser aquela pessoa com experiência suficiente para nos orientar e facilitar nossas decisões. E o melhor de tudo é que você não precisa ter só um, pode ter quantos mentores achar necessário em assuntos específicos como finanças etc.

Propósito

Tenha propósito de vida! Ter muito dinheiro não é um propósito, é apenas a ferramenta. Ter sucesso não é um propósito, é o resultado de algo bem executado – que por sinal é muito bom, mas ainda não é um propósito.

O propósito é algo mais profundo que dá sentido a nossas vidas, é o que nos movimenta. Ele gera uma satisfação constante que não depende de fenômenos externos. Um propósito genuíno é inabalável!

Metas

Crie metas! Mas não as deixe somente na sua mente, elas têm que passar para o plano material, literalmente! Utilize um quadro ou um caderno para escrever todos os seus planos e objetivos com todos os detalhes possíveis; não tenha pressa, tudo tem que ser muito bem específico e detalhado! Releia tudo o que escreveu pelo menos uma vez por semana!

Prática

A parte mais importante! Sem a prática, todo o resto não passará de pensamentos ansiosos, rabiscos no papel e historinhas bonitinhas para contar.
Portanto, pratique!
Deixe de preguiça! Deixe de arrumar desculpas!
Ninguém vai fazer sua tarefa.
Vá lá e faça!

Gratidão

Seja grato. Começando pelo simples fato de existir. Nos momentos mais felizes e também nos momentos mais tristes e dolorosos seja grato! Isso eleva a alma e o caráter do ser humano!

Tsedacá

Essa é uma prática judaica, o equivalente para nós, não judeus, à caridade!
Mas sua essência e significado são muito mais profundos! A tradução mais correta seria **Justiça Social**. A prática da caridade é essencial e de valor inestimável! Recomendo buscarem informações e aprenderem sobre tsedacá, de preferência com um rabino. Assim, chego ao final deste texto e agradeço a todos que o leram até o fim. Espero que eu possa tê-los ajudado e inspirado!
Se uma única pessoa encontrou inspiração nas minhas palavras, tudo valeu a pena!

Referência

ATTAR, R. D. L. *O segredo da prosperidade judaica*. São Paulo: Literare Books International, 2018.

6

MAIS PERTO DO SUCESSO

Este capítulo é para pessoas que buscam sucesso, pois será um grande divisor em sua vida. Palavras simples e sábias de um gaúcho, gerando conhecimento e prática por meio do exemplo de Andrigo Sertoli, ex-operário, hoje multiempresário, atuante em várias frentes, na gestão de pessoas, como escritor e palestrante!

ANDRIGO SERTOLI

Andrigo Sertoli

Contatos
sertoliandrigo@gmail.com
Instagram: @andrigosertolii
54 99694 6149

Diretor comercial de uma das maiores empresas de cursos profissionalizantes do Brasil. Apaixonado pela sua família e pelo trabalho com pessoas. Consultor comercial e palestrante. Especialista em desenvolvimento humano, com experiência de mais de 12 anos em vendas, recrutador em dezenas de empresas, tendo selecionado diversos talentos. Já trabalhou como vendedor de utensílios domésticos, representante de cosméticos e auxiliar geral de embalagens. Sócio em dois estados (RS e PR) no segmento da educação. Possui treinamentos inovadores na área de vendas, tendo ampla experiência de vendedor porta à porta e de balcão. Tem um objetivo muito claro, ajudar as pessoas a se realizarem pessoal e profissionalmente, ganhando dinheiro e alcançando felicidade. Formação de Eletricista Industrial no início de carreira, Gestão de Pessoas, Liderança, Marketing Pessoal, Dicção e Oratória. Hoje, atua em várias frentes e vai ajudar você a entender cada vez mais qual caminho ou direção deve tomar para chegar ao SUCESSO.

Quem aqui conhece Dumbo, o elefante mais amado em todo o mundo? *Dumbo* é um longa-metragem animado produzido pela Disney. Conta a história de um elefantinho que foi rejeitado e ridicularizado por conta de suas grandes orelhas e sua forma trapalhona de se apresentar.

Na animação, o elefante Dumbo faz amizade com o rato Timóteo, que, em certa altura do longa metragem, convence Dumbo de que ele é capaz de voar.

Você pode estar se perguntando: o que essa história pode ensinar para as pessoas ou empresas?

Lição 1: a diversidade como combustível para alçar voos altos

Você já ouviu falar sobre um profissional que foi contratado ou promovido para determinada posição e ele parecia não se encaixar muito bem nela? Ou talvez as pessoas sequer lhe dão oportunidade de mostrar a que veio. Logo ele vira piada por toda a empresa e o seu potencial é ignorado. Nesse sentido, as organizações e as lideranças precisam prestar real atenção a esse profissional, para identificar o seu potencial e apoiá-lo a fim de que se torne, de fato, a estrela do show para o qual foi contratado.

Uma equipe de alta performance se faz com as diferenças. Por isso, é importante que as organizações invistam na diversidade, com o objetivo de aproveitar o que cada profissional pode trazer de melhor.

Lição 2: a inovação vem dos lugares mais improváveis

Além de representatividade, deve-se respeitar as opiniões diferentes, que vêm de fontes diversas.

Quando falamos em diversidade, não podemos deixar de falar de representatividade. Se nossa empresa diz respeitar as diversidades, é importante termos em nossa equipe funcionários de diversas culturas. Com isso, aprendemos que não é preciso ter uma posição formal para exercer liderança. Se você enxerga a oportunidade, vê o potencial da pessoa, pode unir essas forças e inovar, mesmo que não seja um líder formal.

As pessoas são importantes para o negócio e precisamos fazer que elas saibam disso. Uma grande ideia pode estar no lugar mais improvável.

Lição 3: acredite e faça seu elefante voar

A ideia maluca de fazer um elefante voar nos ensina que precisamos acreditar no potencial de nossas empresas, dos nossos líderes e de nossa equipe, por mais que outras pessoas não deem o devido crédito às suas ideias.

A diversidade traz grande vantagem competitiva para as organizações: sempre haverá alguém para encorajar os projetos, por mais malucos que pareçam; sempre haverá pessoas acreditando e não deixando que digam que não é possível; no entanto, sempre haverá alguém para apontar os riscos do projeto, indicando algumas adaptações. Trabalhando juntos, contribuindo e somando forças, todos farão o elefante voar, tornando o impossível, possível.

Para tirar mais proveito das lições, vale a reflexão:

- Como acontece na sua empresa?
- Há oportunidades de montar uma equipe diversificada?
- As diferenças são respeitadas para que as pessoas se sintam valorizadas?
- Os líderes costumam olhar para as pessoas buscando seu potencial?
- Todos têm a oportunidade de serem ouvidos?
- As pessoas são líderes das posições que ocupam?

Concluindo, devemos acreditar em nós mesmos! Abre-se agora um outro tema não menos importante, talvez o mais IMPORTANTE: a inteligência emocional.

Inteligência emocional

Todos nós deveríamos aprender e saber desde o ensino fundamental o que é inteligência emocional... Por que isso é tão importante?

Para descobrir qual emoção você quer acessar e para qual finalidade! Exemplo: quando você tem raiva, tem muito mais energia física para poder fazer algo, quando você acessa o estado de gratidão, sua angústia desaparece imediatamente!

Emoção é tão importante quanto ter sonhos.

Um vendedor, uma enfermeira, um jardineiro e um empresário, se não tiverem inteligência emocional, ficarão tristes muito fácil. Como assim? O vendedor começará a se perguntar se seu produto é bom; na primeira tragédia, a enfermeira pode ficar triste; o jardineiro, em um dia frio, pode não fazer o melhor; até mesmo no primeiro desafio o empresário pode se desmotivar.

Execução é exatamente isso, quando entende seu lado emocional, você tende a tomar decisões mais certeiras.

Na raiva, o sangue flui para as mãos, tornando mais fácil sacar a arma ou golpear o inimigo; os batimentos cardíacos aceleram-se e há uma onda de hormônios; a adrenalina, entre outros hormônios, gera uma pulsação, uma energia suficientemente forte para uma atuação vigorosa.

No medo, o sangue corre para os músculos do esqueleto, como os das pernas, facilitando a fuga; o rosto fica lívido, já que o sangue lhe é subtraído (daí dizer-se que alguém ficou "gélido"). Ao mesmo tempo, o corpo imobiliza-se, ainda que por um breve momento, talvez para permitir que a pessoa considere a possibilidade de, em vez de agir, fugir e se esconder. Circuitos existentes nos centros emocionais do cérebro disparam a torrente de hormônios que põe o corpo em alerta geral, tornando-o inquieto e pronto para agir. A atenção se fixa na ameaça imediata, para melhor calcular a resposta a ser dada.

A sensação de felicidade causa uma das principais alterações biológicas. A atividade do centro cerebral é incrementada, o que inibe sentimentos negativos e favorece o aumento da energia existente, silenciando aqueles que geram pensamentos de preocupação. Mas não ocorre nenhuma mudança particular na fisiologia, a não ser uma tranquilidade, que faz o corpo se recuperar rapidamente do estímulo causado por emoções perturbadoras. Essa configuração dá ao corpo um total relaxamento, assim como disposição e entusiasmo para a execução de qualquer tarefa que surja e para seguir em direção a uma grande variedade de metas.

O amor, os sentimentos de afeição e a satisfação sexual implicam estimulação parassimpática, o que se constitui no oposto fisiológico que mobiliza para "lutar ou fugir" e ocorre quando o sentimento é de medo ou ira. O padrão parassimpático, chamado de "resposta de relaxamento", é um conjunto de reações que percorre todo o corpo, provocando um estado geral de calma e satisfação, facilitando a cooperação.

O erguer das sobrancelhas, na surpresa, proporciona uma varredura visual mais ampla, e também mais luz para a retina. Isso permite que obtenhamos mais informação sobre um acontecimento que se deu de maneira inesperada, tornando mais fácil perceber exatamente o que está acontecendo e conceber o melhor plano de ação.

Em todo mundo, a expressão de repugnância se assemelha e envia a mesma mensagem: alguma coisa desagradou ao gosto ou ao olfato, real ou metaforicamente. A expressão facial de repugnância – o lábio superior se retorcendo para o lado e o nariz se enrugando ligeiramente – sugere, como observou Darwin, uma tentativa primeiro de tapar as narinas para evitar um odor nocivo ou cuspir fora uma comida estragada.

Uma das principais funções da tristeza é a de propiciar um ajustamento a uma grande perda, como a morte de alguém ou uma decepção significativa. A tristeza acarreta uma perda de energia e de entusiasmo pelas atividades da vida, em particular por diversões e prazeres. Quando a tristeza é profunda, aproximando-se da depressão, a velocidade metabólica do corpo fica reduzida. Esse retraimento introspectivo cria a oportunidade para que seja lamentada uma perda ou frustração, para captar suas consequências para a vida e para planejar um recomeço quando a energia retorna.

É possível que essa perda de energia tenha tido como objetivo manter os seres humanos vulneráveis em estado de tristeza para que permanecessem perto de casa, onde estariam em maior segurança. Essas tendências biológicas para agir são ainda mais moldadas por nossa experiência e pela cultura. Por exemplo, a perda de um ser amado provoca, universalmente, tristeza e luto. Mas a maneira como demonstramos nosso pesar, como exibimos ou contemos as emoções em momentos íntimos, é moldada pela cultura, o mesmo ocorrendo quando se trata de eleger quais pessoas em nossas vidas se encaixam na categoria de "entes queridos" dignos de nosso lamento.

O prolongado período de evolução em que, por força das circunstâncias, essas respostas emocionais se formaram foi, sem dúvida, uma realidade bem mais dura que a maioria dos seres humanos teve de suportar desde o alvorecer da história registrada. Foi um tempo em que poucas crianças sobreviveram à infância e em que poucos adultos viveram mais do que trinta anos, um tempo em que predadores atacavam a qualquer momento, um tempo em que as condições climáticas determinavam se iríamos ou não morrer de fome. Mas, com o advento da agricultura, e até mesmo das mais rudimentares formas de organização social, as possibilidades de sobrevivência mudaram de maneira extraordinária. Nos últimos 10 mil anos, quando esses avanços se espalharam por todo o mundo, reduziram-se significativamente as violentas pressões que ameaçaram a população humana.

Elefante não voa

Uma das informações mais pertinentes do livro é que o QI (quociente intelectual) representa apenas 20% das aptidões necessárias para que uma pessoa se torne bem-sucedida, enquanto o QE (quociente emocional) detém os 80% restantes. Isso é motivo de muita atenção, pois a inteligência emocional precisa ser vista, analisada e desenvolvida pelas pessoas, e nem todos estão dispostos a enfrentarem as suas emoções.

Agora, como eu usei estas lições na minha vida?

Vamos lá. São situações que muitas vezes não entendemos, porém é preciso agir.

Eu, Andrigo, trabalhava em uma empresa por oito horas diárias, recebia salário e fazia todos os dias a mesma coisa. Mas uma "voz" me falava todos os dias em meus ouvidos: "Você pode ser muito grande, acredite, vá em frente". Contudo, aos olhos de alguns, eu era uma pessoa comum. Aí é que entendi que não estava no lugar certo. Comecei a estudar pessoas, gestão, vendas, ir a palestras motivacionais. E isso foi o meu grande combustível, pois na adversidade é que existem muitas oportunidades, e você mesmo, que está lendo este capítulo, NASCEU PARA BRILHAR! Tem um mundo gigante com inúmeras possibilidades a sua frente, talvez bem próximas, só é preciso olhar com mais atenção. E, claro, com CORAGEM, pois se eu não tivesse coragem, estaria ainda em meu primeiro emprego.

Analise: do que você gosta? O que sempre sonhou em ser? Quem poderia ser a primeira pessoa com quem falar sobre este objetivo? Qual pessoa poderia lhe ajudar a ficar mais próximo deste objetivo? Esta pessoa precisa ser muito boa em relacionamento; normalmente, pessoas assim conhecem várias outras redes de pessoas e ali, sim, pode ser que alguém esteja procurando alguém como você (pessoas com seu perfil).

Vamos para o segundo ponto. Como ter inovação?

Com estudos e prática. Todos sabemos que, quando aprendemos algo, ficamos com um brilho diferente nos olhos, um sorriso mais largo, peito estufado; isso significa que você está se sentindo mais confiante! Essa confiança pode ser dez vezes maior, caso você pratique tal aprendizado. Então, de tudo o que aprender, tente colocar no mínimo 10% em prática, pois isso em longo prazo o levará ao sucesso.

Terceiro e último passo: ACREDITE! Acredite, acredite em si mesmo.

Faça algum treinamento em autoconhecimento, assim saberá qual é seu perfil, de que maneira normalmente age em circunstâncias diferentes, até mesmo sob pressão. Pois não vai adiantar muita coisa obter muitos conhecimentos se você não conhecer seus sentimentos!

Tentei ser prático e simples nas palavras para que você, meu(minha) amigo(a) leitor(a), entenda que o sucesso não é para todos. É para pessoas que fazem aquele algo a mais: o aprender, o praticar, o exercitar, e principalmente, o trabalhar com o que se gosta. Sendo assim, o sucesso acontece quando se faz tudo por AMOR.

Já a **felicidade** é formada por diversas emoções e sentimentos, que podem ser por um motivo específico, como um sonho realizado ou um desejo atendido; e há até mesmo pessoas que são conhecidas por estarem sempre **felizes** e de bom humor, para as quais não é necessário nenhum motivo específico para estarem em um estado de **felicidade**. Assim, desejo a você todo o sucesso do mundo, e logo mais você irá ver o meu nome reconhecido no país inteiro, não irei parar por aqui. De operário, eletricista, vendedor e representante a gestor da maior empresa de cursos profissionalizantes do país e multiempresário, tenho bastantes coisas a conquistar.

Grande abraço do amigo Andrigo Sertoli!

7

VENDER UMA EMPRESA
ANGÚSTIA E ALEGRIA

Após longos anos como executivo de empresas industriais, comerciais e de prestação de serviços, a vida profissional me levou à possibilidade de negociar empresas das quais eu era sócio. Ocorreu duas vezes. Uma delas foi em 2010, mais vantajosa. A outra ocorreu em 2015, menos vantajosa, mas lá se foram cerca de 13.000 colaboradores para outras mãos.

ANTONIO SALVADOR MORANTE

Antonio Salvador Morante

Contatos
www.grupofb.com.br
morante@grupofb.com.br
11 99984 1515

Economista, administrador e contabilista formado pela FECAP. Mestre em Ciências Contábeis pela PUC-SP, doutor em Comunicação e Semiótica pela PUC-SP e doutor em Administração pela Florida Christian University – EUA, com diploma reconhecido no Brasil. CEO do Grupo FB, é professor universitário no MBA da FIA há 14 anos. Exerceu, até 2010, o cargo de professor e coordenador de curso de Administração e Ciências Contábeis da Unip. Tem experiência nas áreas administrativas, comerciais e operacionais, tendo trabalhado, durante 40 anos, em empresas de grande porte, industriais, comerciais e prestação de serviços de segurança patrimonial e eletrônica. Paralelamente, embora não exerça a função atualmente, é perito judicial nas áreas contábil e administrativa. É homologado CFO pelo IBEF (Instituto Brasileiro de Executivos Financeiros). É autor de oito livros nas áreas financeira e contábil, além de um livro de poesias e situações pessoais e profissionais recentemente lançado.

A venda de uma empresa de serviços gerais

Era o dia 18 de março de 2010 quando eu e meu sócio concretizamos a assinatura da transação das cotas de uma empresa de prestação de serviços de limpeza e portaria para uma multinacional inglesa.

Mas a angústia se iniciou dois anos antes. Surge o interesse na multinacional após saber da existência de nossa empresa, e da viabilidade de ela se juntar a um conglomerado que trabalhava com serviços de alimentação em grandes corporações.

Visitas à nossa empresa, entrevistas com as principais gestoras (a empresa basicamente era de mulheres) e assinatura de um compromisso de confidencialidade foram as primeiras iniciativas. Seria proibida a divulgação interna ou externamente.

Balancetes anteriores, todos gerenciais, projeções, estatísticas e reuniões semanais aconteceram seguidamente.

Juntam-se uma dezena de interessados do lado da compradora e outra dezena do lado da vendedora. Embora tantos participassem, do lado da vendedora percebeu-se que essa quantidade deveria ser limitada. O motivo dessa estratégia percebeu-se rapidamente ser a intenção de descobrir divergências, mentiras e até contradições nas informações, virtudes não, mas defeitos.

Apresentam-se demonstrativos de resultados recentes, todos gerenciais, e mais uma dezena de auditores reúne-se com alguns gestores que detinham esse conhecimento, e principalmente este que ora lhes escreve.

Chegam visitas do exterior, são feitas reuniões; e todas as explicações fornecidas anteriormente são repetidas.

As grandes preocupações:

1. Os contratos de prestação de serviços eram antigos?
2. Os contratos de prestação dos serviços tinham bons resultados?
3. Os clientes eram pontuais nos pagamentos?

4. Haveria riscos de cancelamento após a transação?
5. Os contratos previam e permitiam transações das cotas sociais?
6. As contingências eram passíveis de serem descobertas?
7. As reclamações trabalhistas eram passíveis de previsão nas eventuais perdas?
8. Os gestores acompanhariam a venda das cotas?
9. Seria possível obter uma declaração de permanência durante certo tempo após a transação por parte das principais gestoras?
10. Uma declaração assim era legal?

Pode-se imaginar, com tantas questões e outras que apareceriam, a quantidade de respostas coerentes que os compradores desejavam obter.

E a dúvida: que coerência seria esta, uma vez que a subjetividade também faz parte de uma negociação semelhante?

Quais questionamentos pertenciam à dúvida sobre a coerência em uma negociação?

1. O que é um cliente fiel?
2. O que é um bom cliente?
3. O que é um bom contrato?
4. Há diferença na gestão antes e depois da negociação?
5. O que esperariam os clientes dos novos sócios da empresa?
6. Como divulgar, se não podemos fazê-lo com antecedência?

Outra grande confusão: eu e meu sócio tínhamos, no mesmo período, uma grande empresa de segurança patrimonial, e sua gerência também participava da gestão dos negócios de portaria, de maneira simultânea. Como separar essa gestão?

O supervisor operacional era o mesmo. Discutiu-se então uma forma amigável e contratual para essa solução.

Aí surgem os questionamentos contábeis e financeiros por parte da auditoria externa, aliás uma multinacional também.

1. A empresa não tinha mais contingências?
2. Pagava salários e seus encargos pontualmente?
3. Tinha histórico de todos os funcionários em um arquivo físico?
4. Por que tantas reclamações trabalhistas em andamento?
5. O mercado era assim mesmo ou a empresa vendedora praticava ilícitos?
6. Se os praticava, ela poderia relacioná-los?
7. Se não, como poderia responsabilizar-se?

E assim, chegou-se à separação desse passivo. Os vendedores cuidariam do passivo existente e de outros que pudessem surgir de antigos colaboradores, desde que fossem informados de alguma reclamação trabalhista anterior à data da negociação.

Uma preocupação dominante era essa cláusula de informação, porque as futuras reclamações seriam entregues em endereço diverso e futuro da empresa vendedora, e esta só trabalhava com escritórios externos de advocacia. Então, os vendedores montam uma equipe exclusiva para cuidar desse passivo cujo valor estimado seria retido e abatido no sistema *escrow*.

Os advogados de ambos os lados se digladiam. Atrasam o processo, não se entendem e, como ambas as assessorias cobravam por horas trabalhadas, a negociação parecia que não terminaria nunca.

Eis que o presidente da empresa compradora chega até mim e diz: "Vamos resolver nós dois porque, se dependermos dos escritórios de advocacia, não chegaremos ao final da negociação". E assim meses se passariam até que uma minuta contratual seria redigida por ambas as partes. Mas dúvidas ainda surgiriam.

Os vendedores desejavam um valor mensal para supervisionar os postos de portaria física, uma vez que seus colaboradores trabalhariam para ambas as empresas.

Apalavrados os trabalhos até então, chega o momento do valor a ser retido na conta *Escrow*.

1. Provisão para Devedores Duvidosos: seria possível?
2. O parcelamento existente de um Refis proveniente de multa fiscal, continuaria ou seria resgatado com antecedência?
3. Como seria feito o reembolso mensal a cada situação?

E o tempo foi passando, auditores e advogados se digladiando diariamente e me chamando todos os dias para tirarem dúvidas, ou então terem certeza de que o produto a ser comercializado era realmente aquela preciosidade que eu lhes assegurava.

E assim foi até que surge a dúvida quanto à data da transição. A empresa compradora era inglesa, com ações na bolsa de valores de Londres, e seus dirigentes combinaram que a divulgação só poderia ser feita em conjunto com outra aquisição em andamento na África, a qual ainda não estava concluída.

Esperamos mais um mês. Clientes desconfiados, segredos vazados, nossa equipe negando a transação, até que, em uma bela manhã, em um hotel, a empresa compradora e sua assessoria de marketing decidem promover uma reunião, e os participantes seriam assim informados: quem, ao entrar, recebesse um pequeno distintivo preso à blusa ficaria na nova empresa. Quem não o recebesse, continuaria nas outras empresas do grupo.

O motivo dessa separação é que tínhamos supervisores, vendedores e também gerentes comuns a todas as empresas do grupo, e a separação anteriormente proposta já tinha sido organizada com a devida antecedência.

A angústia não terminou. A empresa compradora promoveu seu vice-presidente à presidência; e ele tinha a obrigação de mostrar resultados positivos na negociação, em especial porque sua promoção foi prometida se o negócio ocorresse.

E ele tinha de mostrar e demonstrar ter havido uma boa compra.

A venda de uma empresa de segurança patrimonial

Passam-se quatro anos, e exatamente em 2014 uma nova oportunidade surge para transacionarmos as cotas de uma empresa de segurança patrimonial que tinha na época 5.000 colaboradores.

Por que outro interesse em nosso trabalho? Porque tínhamos um excelente produto, colaboradores bem treinados e eficientes, e uma rentabilidade que agradaria a um investidor, segundo a fórmula EBITDA, que é a sigla em inglês da expressão *Earnings Before Interest, Taxes, Depreciation and Amortization*. Assim, em português, EBITDA significa "Lucro antes de Juros, Impostos, Depreciação e Amortização" (LAJIDA). O indicador utiliza um cálculo para tentar medir o fluxo de caixa livre com base nas receitas e despesas de uma empresa.

E fomos procurados por um novo grupo que chegava a São Paulo vindo da Bahia, e que em 2022 congregava 130.000 colaboradores.

Nova situação ocorre na transação. Advogados, assessores e contadores se envolvem em informações.

Já escolado anteriormente, acertei com meu auditor interno e com meu contador que apenas nós três daríamos esclarecimentos. E mesmo assim, se houvesse objetivos de confirmação com conflitos ou opiniões divergentes, que todos percebessem isso e me chamassem para esclarecer tudo de maneira oficial. Somente eu faria isso! Nesse ramo, as diferenças eram flagrantes em termos de informações contábeis e operacionais.

1. O resultado nesse segmento de atividade sempre foi menor que os demais de prestação de serviços gerais.
2. Esse ramo propiciava, por vários aspectos, maior quantidade de reclamações trabalhistas. A atividade sempre foi típica para esse risco.

3. Esse ramo continha vícios tributários muito antigos, e nem todos estavam sanados a contento.

E o martírio se repete, agora com maior intensidade e diversificação. Enquanto o investidor anterior desejava apenas uma empresa do nosso ramo de atividade, o atual desejava criar o maior grupo do Brasil e estava prestes a adquirir empresas do mesmo ramo e outros próximos, formando um grande conglomerado que hoje domina o país.

Surgem então os seguintes contatos de convencimento na negociação, da parte dos compradores:

1. presidente;
2. vice-presidente;
3. gerente financeiro;
4. gerente contábil;
5. corpo jurídico;
6. corpo operacional;
7. gerente de RH;
8. gerente de TI;
9. e, nessa negociação, um gestor que faria a transição técnica e outro que faria a transição administrativa.

Um fator determinante para que a negociação fosse realmente concretizada seria a qualidade dos contratos com os clientes, sempre observando o resultado pelo EBITDA.

Uma equipe dedicou-se à análise de cerca de 150 contratos com uma operação em suas planilhas, com seus números, visando entender se a somatória daqueles resultados era significativa para o que a nossa demonstração do resultado expunha. E assim foi feito sem que os vendedores soubessem dessa apuração. Eles sabiam da qualidade dos contratos, cujo resultado era diminuído pelos compromissos bancários assumidos e pelos três anos anteriores, quando um enorme valor em reclamações trabalhistas foi coberto.

Surge em determinado momento a necessidade de visita a clientes, sem que eles pudessem imaginar que ocorreria a transação.

Alguns contratos com clientes multinacionais até não permitiam qualquer tipo de negociação envolvendo seus contratos, o que no final não chegou a prejudicar a negociação.

E daí, sabendo que a negociação demoraria tanto como a anterior, pairavam algumas providências que somente a mim caberia decidir:

1. Como faríamos com funcionários excedentes nos postos de trabalho?

2. Como faríamos com contratos que poderiam ser cancelados?
3. Continuaríamos a buscar dinheiro em banco ou não?
4. O estoque de reclamações trabalhistas seria deduzido do valor da venda? Em que circunstância?

E aí vem a análise sempre dispendiosa em tempo e em profissionais, referente ao passivo conhecido e até mesmo ao desconhecido.

Em minha experiência, nunca escondi qualquer passivo, mas os compradores nesse ramo de atividade de tudo duvidam.

Informações bancárias confirmando passivos foram solicitadas junto ao Banco Central, bem como informações possíveis sobre a qualidade dos contratos, mas apurar as condenações trabalhistas possíveis foi realmente uma grande dificuldade e desafio.

Conseguimos chegar a um número satisfatório que determinasse a quantidade de condenações, até um total com que os compradores arcariam, e acima desse número de condenação, caberia aos vendedores cumprirem com a liquidação do passivo.

Nessa transação, as decepções foram as seguintes:

• Os compradores ou os profissionais determinados para a transação e transição consideravam que os vendedores eram incapazes, pois caso não o fossem, não venderiam a empresa.
• Os compradores desconfiavam de tudo, ignorando qualidades e limites da empresa e de seus colaboradores.

E assim se deu mais essa experiência para este que aqui se declara angustiado antes, angustiado durante, angustiado depois e feliz pela conclusão e início de outra vida profissional, que foi o meu caso.

Finalizando, eis o que aprendi com estas experiências:

1. Uma empresa deve ser vista como um produto – um veículo, um apartamento, uma TV, um armário etc.
2. Tudo deve ser mantido conservado, politicamente correto, bem administrado e sobretudo sempre disponível se a empresa precisar ser substituída ou transferida de mãos.
3. Uma empresa deve ser olhada como um bem que determinada pessoa tem, e no seu falecimento precisa estar regularizada, com um testamento correto, evitando-se problemas e discussões de posse ou de propriedade.
4. Uma empresa é algo social, responsável, que suplanta todos os exemplos anteriores, porque envolve pessoas, famílias e o futuro dos dependentes dela.

5. Uma empresa não pode ser entendida como propriedade única, de uma pessoa, de sócios ou até de acionistas. Ela tem importância social excepcional, em especial se for administrada como algo durável e, quem sabe, eterno.

É assim que vejo para quem vende, e também imagino que deva ser visto por quem compra.

Só que a visão financeira prevalece; se o resultado do EBITDA foi o esperado, tudo bem. Se ele não foi obtido, substituem-se os gestores antigos por novos.

O que notei em ambas as experiências foi a absoluta falta de constatação da qualidade dos colaboradores "vendidos". Minha experiência diz que os limites pessoais de conhecimento e experiência são ignorados. Por que os que compram são melhores que os transferidos em uma negociação?

8

O SUCESSO DO SEU CLIENTE É O SEU SUCESSO

Muito se fala em ter um propósito na vida, um propósito para o seu negócio, mas ao ler este capítulo, você irá entender que o propósito é único para qualquer negócio: o cliente. Neste capítulo, você irá entender a importância de um empreendimento ter sua cultura centralizada no cliente e os princípios para a construção desse ambiente. Aproveite a leitura, aprenda e transforme seu negócio!

CARLA SANTIAGO

Carla Santiago

Contatos
bragasantiago@yahoo.com.br
instagram:@carlabragasantiago
LinkedIn: linkedin.com/in/carlabragasantiago

Meu nome é Carla, sou fisioterapeuta de formação e empreendedora por paixão. Para mim, empreender é uma filosofia de vida, em que sou capaz de escrever minha própria história. Minha paixão pelo empreendedorismo começou em 2014, quando fui aluna do Empretec (Sebrae) e desde então eu venho me aprofundando no tema. Nos últimos dois anos, realizei inúmeros cursos de Marketing Digital e o MBA em Empreendedorismo e Desenvolvimento de Negócios na PUC-RS. Trabalho com fisioterapia há 19 anos, mas comecei a trabalhar na área de vendas aos 18 anos. Também já me arrisquei no ramo da confeitaria e espero que meu conhecimento e minha experiência possam ajudar você.

Você deve estar se perguntando o que uma fisioterapeuta tem a ensinar sobre sucesso e experiência do cliente, e eu posso afirmar que tenho muito a ensinar.

Fisioterapeutas têm uma relação muito próxima com seus pacientes, são vários encontros semanais por meses e às vezes anos. Eu mesma já atendi alguns pacientes por mais de oito anos; atualmente, cuido de famílias inteiras, e é esse convívio intenso com pessoas diversas que me torna uma especialista em "relacionamento com o cliente".

A escolha da minha profissão não foi consciente: na verdade, eu queria ser professora de inglês, mas meu pai me aconselhou a não seguir esse caminho porque, em um país como o nosso, eu morreria de fome. Esta era a opinião dele!

Na época, eu tinha somente 17 anos e tinha que tomar uma decisão que definiria o meu futuro. Foi quando, pela primeira vez, eu me questionei: Qual é o meu talento?

Eu sempre soube que gostava de pessoas, sempre me senti bem cuidando de alguém, então eu cheguei à conclusão de que este poderia ser o meu dom. A partir daí, eu busquei o *Guia do estudante*, li tudo com atenção e escolhi a Fisioterapia. Trabalho como fisioterapeuta há 19 anos; o início foi difícil, mas nunca me faltaram pacientes e elogios ao meu trabalho. Mesmo assim, eu nunca me senti inteiramente realizada nem boa o bastante.

Há três anos, quando estava passando por mais uma dessas crises existenciais e refletindo sobre a minha carreira, algo ficou claro. O meu verdadeiro dom é o de me RELACIONAR com as pessoas.

Eu não sou *expert* em biomecânica, não fiz os melhores cursos de terapia manual e tampouco sou um "às" em anatomia e fisiologia, mas em todos os atendimentos eu dou o meu melhor; sempre procurei ser a mais educada e gentil com todos os pacientes, mesmo com aqueles de temperamento mais difícil. E foi depois de toda essa reflexão que percebi que eu já era uma *expert* em *customer experience* e *customer success*, e que toda a minha agenda, que sempre é lotada, foi baseada em marketing de recomendação.

Com o início da pandemia de covid-19, quando tive mais tempo para me dedicar aos estudos e já ciente do meu verdadeiro dom, eu procurei os conhecimentos certos. Ingressei em uma pós-graduação nessa área, fiz inúmeros cursos de marketing e li livros específicos sobre o assunto.

E conforme eu aprofundava meu conhecimento, tomava consciência de que já tinha criado institivamente meu *script* de vendas, roteiro de avaliação e rotinas de fidelização e que eu era uma fera em *overdelivery*.

No primeiro ano de pandemia, meu trabalho ficou comprometido; como o da maioria da população mundial, eu também perdi alguns pacientes. Adaptei-me aos atendimentos on-line dos pacientes que restaram, mas desde 2021 venho reconstruindo a minha carreira de maneira estratégica, utilizando todos esses conhecimentos de modo consciente; e o resultado disso é que minha agenda está lotada novamente. E sabe quantos cursos específicos da minha área eu fiz? ZERO!

Nas próximas linhas, vou contar para você como eu consegui isso.

Como encantar e fidelizar clientes

Atualmente, a cultura centralizada no cliente é determinante para o sucesso de um empreendimento. Esse tipo de pensamento é uma **filosofia que direciona o planejamento de um empreendimento e o comportamento de seus colaboradores,** cuja ideia principal é colocar o cliente como o centro, valorizando e cuidando da sua jornada para que seja produtiva e saudável, com foco na fidelização e recorrência.

Philipe Kotler, também conhecido como "pai do Marketing" e autor de mais de dez livros sobre o assunto, já dizia que manter clientes é cinco a sete vezes mais barato do que conquistar novos, e só isso já é o suficiente para você investir em fidelização. E se eu lhe contar que um cliente satisfeito fala bem do seu serviço para até cinco pessoas, mas um cliente insatisfeito pode falar mal para até dez pessoas? Estas frases são verdadeiras; por isso, é imprescindível investir em sucesso e experiência do cliente no seu negócio.

A Natura, marca internacional de cosméticos, já percebeu isso. Por três anos consecutivos, a marca ocupou o primeiro lugar em atendimento ao consumidor no Brasil, segundo o Instituto Ibero-Brasileiro de Relacionamento com o Cliente (IBRC). Esta foi a conclusão de um estudo nacional em que foi avaliada a qualidade do atendimento nos três momentos do relacionamento com o cliente: antes, durante e após a venda. A empresa mantém cinco centrais de atendimento, cujo objetivo é absorver a demanda, que varia desde consumidores finais até seus inúmeros consultores de beleza. Outro fator determinante para alcançar esse resultado foi a criação da assistente virtual "Nat": ela conseguiu resolver mais de 70% dos casos que antes seriam direcionados para a Central de Relacionamento da Natura, tornando o atendimento mais ágil e satisfatório, "sem perder a essência da companhia, que é um relacionamento carinhoso com nossas consultoras", afirma Paula Pimenta, diretora da Central de Relacionamento da Natura.

Outra empresa reconhecida mundialmente pelo seu atendimento ao cliente é a Netflix. Por mais que ela ofereça um serviço digital, quando ligamos para a central de atendimento, somos atendidos por pessoas reais.

Mesmo depois de resultados pouco animadores nos últimos meses, no mês de outubro de 2022 a Netflix conquistou 2,4 milhões de assinantes. Veja o comentário da empresa sobre o fato:

> *Após um primeiro semestre desafiador, acreditamos que estamos no caminho para reacelerar o crescimento. A chave é agradar os membros. Quando nossas séries e filmes empolgam nossos membros, eles contam para seus amigos, e então mais pessoas assistem, se juntam e ficam conosco.*

Além de possuir uma cultura centralizada no cliente e de ouvi-los, um dos segredos de fidelização da Netflix é a PERSONALIZAÇÃO. Quando o *streaming* foi lançado no mercado, seu diferencial era a criação de listas personalizadas de indicações de filmes e séries conforme o gosto de cada membro da família. Essas listas eram atualizadas semanalmente, de acordo com os lançamentos.

Mas a referência em fidelização e encantamento do cliente ainda é a Walt Disney World, com um índice de 70% de retenção de clientes, segundo o livro *O jeito Disney de encantar os clientes*.

O encantamento está nos detalhes, como os cenários do parque e as decorações temáticas dos quartos do *resort*, na gentileza dos colaboradores e principalmente nos treinamentos, em que as equipes são orientadas para repetir os PROCESSOS diariamente.

Porém, a especialidade da Walt Disney é o *Overdelivery*, ou, como eles mesmos chamam, o "Fator Uau". Isso significa sempre surpreender seus clientes, oferecendo sempre mais do que eles esperam. Quando falamos em surpreender o cliente, não é necessário oferecer brindes ou o melhor produto do mercado, mas sim surpreender nas atitudes.

Os quatro ingredientes para encantar seus clientes

O que fiz nestes últimos anos para conquistar uma agenda cheia foi exatamente utilizar os quatro ingredientes que vimos agora: **relacionamento, personalização, processo e** *overdelivery.*

Atualmente, com o auxílio dos aplicativos de mensagens e das redes sociais, ficou bem mais fácil cultivar o **relacionamento** com seus clientes, convidando-os para serem seguidores de sua marca, contando sua história e a dos seus produtos, confirmando consultas ou pedindo *feedbacks*.

Eu mesma já tenho como rotina confirmar previamente meus atendimentos por WhatsApp e sempre que necessário perguntar como o paciente está se sentindo no dia seguinte ao atendimento. Esse recurso também deve ser utilizado para lembrar o aniversário dos seus clientes e as datas comemorativas como Natal e Ano-Novo. Não utilize o aplicativo de mensagens ou e-mails somente para enviar promoções! Seu **relacionamento** com o cliente deve ser genuíno, e é certo que você terá como resposta um cliente fiel.

Já a **personalização** já faz parte da minha rotina de tratamento há anos. Todos os meus atendimentos são individualizados e personalizados, nos quais escuto atentamente a queixa e procuro fazer o tratamento de acordo com o paciente. Existem aqueles que são mais ativos e preferem exercícios mais intensos e aqueles que preferem terapias manuais, por exemplo.

Lembre-se sempre de tratar seu cliente pelo nome: esta deve ser a primeira pergunta de um atendimento. Procure iniciar uma conversa em que você possa buscar informações para que, durante o atendimento, você possa gerar conexão com ele.

Como disse anteriormente, eu sou muito boa em **overdelivery**. Na minha rotina, costumo impressionar meus pacientes com cinco minutinhos de massagem relaxante no fim de um atendimento. Ou então, muitas vezes uma pessoa dormiu mal e acordou com um torcicolo, e mesmo que esteja tratando o joelho, porque não cuidar também do pescoço do paciente naquele dia?

Como utilizar o *overdelivery* no dia a dia? Se você é proprietário ou proprietária de um bufê, você pode, por exemplo, no ato da entrega, escolher uma embalagem exclusiva para o cliente na qual a comida já esteja separada, assim ele não precisará se preocupar em guardar um pouquinho para o dia seguinte.

Se você possuir uma loja de joias ou bijuterias, por que não dar de brinde, no final do atendimento, um paninho para limpar o produto, por exemplo?

No caso de prestadores de serviços, o pós-venda pode funcionar muito bem como *overdelivery*. Quem não gosta de atenção? Mantenha sempre o contato para saber se deu tudo certo no evento, se aquele paciente melhorou ou se ocorreu tudo bem com o serviço de manutenção que você realizou.

E onde entra o **processo** nessa história toda? Muitos empreendedores até conseguem fidelizar seus clientes, mas não sabem como conseguiram porque foi um processo intuitivo e não sabem repeti-lo exatamente. Quando esse processo se torna consciente, ele passa a ser replicável e você consegue fidelizar um número muito maior de clientes, evitando o *churn,* que são aqueles que não continuaram com você. Para isso, é necessário o treinamento das equipes, *scripts* prontos de venda e pós-venda e uma cultura forte do cliente como o **centro**.

Lembra que eu contei para você que não tinha feito nenhum curso na área de Fisioterapia nos últimos anos e, mesmo assim, consegui ter uma agenda lotada? Tudo o que abordamos me leva a concluir que, independentemente da sua profissão, da sua loja ou do seu empreendimento, o que vai determinar seu sucesso é o sucesso do seu cliente. É a forma como você vai escutá-lo: se ele se sentir acolhido e respeitado, e se suas demandas foram atendidas, você terá sucesso.

Não importa se você fez a melhor faculdade ou se seu produto é o mais inovador do mercado, o que importa é se você ou seu produto tornam a vida do cliente melhor e mais feliz.

9

AROMATERAPIA
UM OLHAR PARA A SAÚDE

A Aromaterapia serve para ajudar a lidar com distúrbios como insônia, ansiedade, amenizar dores e desconfortos, e a induzir sensações relaxantes e estimulantes. Para isso, é preciso saber escolher o óleo essencial que apresente os efeitos desejados. Neste capítulo, apresento o conceito, a origem, as formas de utilização e os benefícios terapêuticos dos aromas.

DANIELA ALMEIDA MARTINS

Daniela Almeida Martins
CRP 06/68046

Contatos
daniterapeuta74@gmail.com
Instagram: @psicologadanimartins21

Psicóloga, escritora e especialista em aromaterapia. Atua no atendimento focando saúde e bem-estar.

Aromaterapia é a ciência que promove a saúde do corpo, da mente e das emoções por meio do uso terapêutico do aroma natural das plantas, por seus óleos essenciais. É uma prática integrativa reconhecida pelo Ministério da Saúde desde 2018.

Existem diversas formas de se aplicar a Aromaterapia, as mais conhecidas são o uso tópico e olfativo. Enquanto o uso olfativo é feito por inalação, o uso tópico se faz por massagens. No uso olfativo, pode-se usar um difusor de ambiente, difusor pessoal, inalador pessoal, vaporização na bacia e *spray* de ambiente. O uso tópico é quando se aplica o produto na pele, diluído em um óleo vegetal ou base neutra, por meio de uma deliciosa massagem relaxante ou em compressa de água. O aroma, no seu uso tópico, remete a lembranças da infância ou de diversas situações vividas pelo ser humano.

Os chineses foram a primeira civilização a utilizar plantas aromáticas para o bem-estar. Sua prática envolvia queimar incensos para ajudar a criar harmonia e equilíbrio. Os gregos reconheceram os benefícios medicinais e aromáticos das plantas. Na época do Império Romano, Dioscórides escreveu um livro com a descrição das propriedades de 500 plantas; ele também relatou estudos de destilação, que durante esse período era baseada em extrair águas florais aromáticas.

Os egípcios inventaram uma máquina primitiva de destilação que permitia a extração de óleos essenciais. Os óleos de cedro, cravo, canela, noz-moscada e mirra foram usados pelos egípcios para embalsamar as múmias.

Pare por um segundo e tente identificar os cheiros que você sente neste momento. O produto de limpeza, os odores que vêm da rua, o xampu e talvez até um perfume compõem uma soma única, à qual só você tem acesso com essa intensidade e neste momento.

Cada indivíduo tem praticamente uma "digital" olfativa diferente, com uma combinação única de genes receptores de odor. Os cheiros dizem muito sobre onde você está (por exemplo, perto do rio Tietê, à beira-mar, em uma casa de praia ou na casa rural de sua infância) e sobre quem você é (em relação à escolha de um perfume, que costuma ser um reflexo da personalidade que se quer transmitir).

Pesquisas relacionadas ao olfato costumam ser voltadas ao mercado dos perfumes – para pessoas, ambientes, alimentos e outros. A poluição de odores era geralmente causada por animais e o cultivar jardins era, inclusive, uma forma de minimizar os maus odores da cidade, vindos não só dos animais, mas também dos excrementos humanos jogados pelas janelas para esvaziar as latrinas. A ideia é usar os odores para trazer bem-estar ou comunicar valores. Hoje temos a tendência a controlar o cheiro onde isso é possível. Cada loja tem um cheiro, o *shopping center* tem um perfume próprio; a gente toma banho, lava o corpo inteiro, tira todo o cheiro que o corpo tem e coloca um perfume depois.

O Brasil já chegou a ser o maior mercado de perfumes no mundo. Cada cultura tem sua própria relação com os odores; vem também dos rituais de povos originários, tem significados religiosos e foi introduzida em parte por colonizadores, como foi o caso do Brasil. Um componente da água de cheiro é usado nas lavagens de igrejas em Salvador desde o século XIX. Presente oferecido a Iemanjá, vista como proteção contra maus espíritos e doenças, a alfazema tem forte apelo emocional e nostálgico. As pessoas não necessariamente se lembram de toda essa história, mas carregam o cheiro como memória, e é assim que o gosto vai se estabelecendo.

Como o cérebro interpreta o cheiro? O bulbo olfativo recebe os impulsos enviados a partir das células olfativas e os despacha para sua viagem final, por dentro do cérebro. No final das narinas, as moléculas odoríferas chegam a uma região chamada epitélio olfativo. As reações aos cheiros podem desvendar como formamos pensamentos conscientes. Um cheiro pode trazer de volta memórias do passado ou de uma refeição caseira que lembre nossa infância. Sentir o cheiro de algo nojento também pode ser um aviso para ficar longe de onde o cheiro está.

O uso terapêutico dos aromas é considerado atualmente para:

- aliviar os sintomas de ansiedade, insônia, depressão, asma ou resfriado;
- promover o bem-estar;
- fortalecer as defesas do corpo.

Apesar de serem usados produtos naturais, é importante que a Aromaterapia seja orientada por um aromaterapeuta, naturopata ou outro profissional especializado, para saber qual é o melhor óleo essencial a se utilizar em cada caso.

Existem vários tipos de difusores pessoais de Aromaterapia. Chamados de colar aromático, difusor pessoal ou colar para Aromaterapia, variam de materiais como porcelana, crochê, madeira, cerâmica, cristais, prata, ouro e ródio negro, entre outros.

Os colares são a forma mais fácil de utilizar os óleos no cotidiano. Alguns modelos já têm o material (uma esponjinha ou feltro de algodão, por exemplo) para ser inserido no colar. Nesse caso, é só pingar de uma a duas gotinhas do óleo essencial no material, encaixá-lo na peça e colocá-lo no pescoço para se beneficiar das propriedades terapêuticas ao longo do dia.

É possível que uma pessoa triste ou desanimada fique um pouco mais alegre ou que alguém agressivo sinta-se calmo e relaxado ao sentir o cheiro de óleos específicos para esses estados mentais, visto que os aromas nos remetem a lembranças de estados emocionais, além das propriedades terapêuticas de cada óleo em específico.

A seguir, deixo três receitas simples e práticas para que você, leitor, possa utilizar os recursos e benefícios dos aromas em sua vida. São três *blends*: para ansiedade, estresse e relaxamento.

Blend contra ansiedade

No difusor:
2 gotas de óleo de lavanda-francesa;
2 gotas de óleo de bergamota;
1 gota de óleo de laranja doce.
Em colar ou algodão:
1 gota de óleo de funcho-doce;
1 gota de óleo de cipreste.

Blend contra estresse

No difusor:
2 gotas de óleo de ylang ylang;
2 gotas de óleo de sândalo amyris;

1 gota de óleo de bergamota.
Em colar ou algodão (diluir em um pouco de água):
1 gota de óleo de gerânio;
1 gota de óleo de cedro virgínia.

***Blend* para banhos calmantes e relaxantes**

5 gotas de óleo de lavanda-francesa;
5 gotas de óleo de ylang ylang;
5 gotas de óleo de sândalo amyris;
15 mL de óleo vegetal de calêndula.

Os óleos essenciais usados na Aromaterapia são substâncias concentradas e complexas obtidas de flores, folhas, frutos e raízes por meio de diversas formas de extração. Considerados a "alma" das plantas, esses óleos são líquidos voláteis compostos por elementos orgânicos como: carbonos, óxidos, cetonas etc. Eles atuam em nosso organismo restaurando a energia curativa e proporcionando o equilíbrio entre corpo, mente e espírito. Portanto, em meu trabalho atuando como aromaterapeuta, pude observar os benefícios apresentados neste capítulo e a importância de se integrar esse recurso ao tratamento de autoconhecimento e desenvolvimento pessoal, buscando melhoria da saúde física e mental.

Referências

ARGELI, M.; ANTHIS, C. *Guia completo dos óleos essenciais – poder terapêutico, saúde, beleza e bem-estar.* Bauru: Mantra, 2020.

BAUDOUX, D. *O grande manual da aromaterapia.* Belo Horizonte: Laszlo, 2019.

KOWALCZYK, A. *et al.* Thymol and Thyme Essential Oil – New Insights into Selected Therapeutic Applications. 2020. *Molecules*, 2020 Sep. 9;25(18): 4125. Disponível em: <https://www.mdpi.com/1420-3049/25/18/4125>. Acesso em: 06 fev. de 2023.

RHIND, J. P. *Sinergias aromáticas – aprendendo a combinar corretamente os óleos essenciais.* Belo Horizonte: Laszlo, 2019.

YOUSSEFI, M. R. *et al.* In Vitro and In Vivo Effectiveness of Carvacrol, Thymol and Linalool against Leishmania infantum. 2019. *Molecules*. 2019 Jun. 24(11): 2072. Publicado on-line em 30 maio 2019. Disponível em: <https://www.mdpi.com/1420-3049/24/11/2072>. Acesso em: 6 fev. de 2023.

10

O MUNDO SEMPRE FOI DISRUPTIVO

Relações disruptivas. Talvez a palavra seja nova para a maioria das pessoas, mas o que ela representa existe entre os seres humanos desde a Pré-história. Nada na vida é imutável; tudo se transforma, se modifica; e essas alterações são difíceis de serem assimiladas, mas não tem outra saída. Queiramos ou não, os avanços tecnológicos e sociais chegam, e vêm para simplificar a vida de todos nós.

DOMINGOS SÁVIO ZAINAGHI

Domingos Sávio Zainaghi

Contatos
www.zainaghi.com.br
www.nucleozainaghi.com.br
zainaghi@zainaghi.com
Instagram: @domingossaviozainaghi
LinkedIn: Domingos Sávio Zainaghi

Advogado, professor, cronista esportivo, entrevistador, palestrante, autor e escritor. Mestre e doutor em Direito do Trabalho pela PUC-SP. Pós-doutor em Direito do Trabalho pela Universidad Castilla – La Mancha, Espanha. Pós-graduado em Comunicação Jornalística pela Faculdade Casper Líbero. Pós-graduado em Ciências Humanas pela PUC-RS. Membro da Academia Paulista de Direito, da Academia Paulista de Letras Jurídicas e da Academia Nacional de Direito Desportivo. Professor *Honoris Causa* em Humanidades da Universidad Paulo Freire da Costa Rica. Presidente honorário da Asociación Iberoamericana de Derecho del Trabajo y de la Seguridad Social e do Instituto Iberoamericano de Derecho Deportivo. Membro do Instituto Latinoamericano de Derecho del Trabajo y de la Seguridad Social (ILTRAS). Membro do Instituto Brasileiro de Direito Desportivo. Membro da Sociedade Brasileira de Direito Desportivo. Membro do Instituto de Direito Social Cesarino Jr. Membro do Instituto dos Advogados de São Paulo (IASP). Membro da Associação Brasileira de Advogados (ABA), na qual é integrante das comissões de Direito Desportivo e dos Tribunais Superiores. Membro da Sociedade Amigos do Exército em São Paulo (SASDE). Membro da Associação dos Cronistas Esportivos de São Paulo (ACEESP). Membro da União Brasileira de Escritores – UBE. Professor do curso de mestrado do UNIFIEO. Coordenador do curso de Especialização em Direito Desportivo da Faculdade Legale.

> *Mas é você que ama o passado*
> *E que não vê...*
> *É você que ama o passado*
> *E que não vê...*
> *Que o novo sempre vem.*
> BELCHIOR

Há pouco tempo, surgiu em nosso vocabulário uma palavra estranha, que não sabemos bem o que ela significa: disrupção!

Por disrupção entende-se a interrupção do curso normal de um processo. É quando se transforma um processo em outro de modo mais simples, com novas regras e com economia de tempo e energia, de maneira dinâmica.

Na Pré-história, nossos ancestrais se valeram de vários instrumentos e formas de trabalho que hoje podemos chamar de situações de disrupção: o uso do fogo, com o que se podiam comer alimentos quentes; caçar à noite, aquecer-se etc.

O uso de varas para derrubar os frutos das árvores, fez que não fosse necessário subir nelas, arriscando-se a quedas; esse também foi um momento disruptivo.

Mais perto historicamente, temos as roupas que eram lavadas em rios, depois passaram a ser lavadas nos tanques das casas até chegarmos ao nosso tempo, quando são lavadas e secadas em máquinas.

Tudo muda, se transforma, e cabe ao ser humano se adaptar. Processos que um dia foram chamados de modernos, depois de algum tempo se tornam obsoletos.

O aparelho de fax é um grande exemplo. No Brasil, sua utilização foi deixada de lado em menos de vinte anos, pois o uso do e-mail se apresentou mais prático, rápido e barato. Já o e-mail, hoje, perdeu espaço para a comunicação pelo WhatsApp.

Os aparelhos de telefones portáteis pouco são usados para telefonemas, pois os *smartphones* servem para uma infinidade de serviços; e não é exagerado afirmar que quem não se adaptar ao uso desses aparelhos está fadado a uma exclusão digital.

Há trinta anos, ouvíamos músicas em discos de vinil, e, aos poucos, elas estariam nos CDs; depois as colocamos em *pendrives*, e hoje estão em plataformas digitais.

O GPS, aparelho que equipava os carros no início deste século, foram substituídos pelo Waze. Aliás, esse aplicativo vem nos tirando a capacidade de raciocinar, pois são utilizados até mesmo para trajetos por nós conhecidos.

Quem hoje em dia vai até lojas de companhias aéreas? Passagens são adquiridas em aplicativos das empresas ou de outros de buscas por bilhetes mais baratos. O mesmo se aplica a hotéis, e além destes, podemos buscar um alojamento pelo Airbnb.

Táxi? Raras vezes nos utilizamos desse serviço, pois preferimos os carros por aplicativos (Uber, 99). Comida, que antes tínhamos de ir até um restaurante para comprá-la, o que foi substituído esse método pelo uso do telefone; e hoje nem precisamos conversar com uma pessoa do restaurante, pois solicitamos as refeições por aplicativos.

A tecnologia atual é que trouxe essa aceleração aos serviços.

Podemos comprar um produto em uma loja do outro lado do mundo, sem falarmos com um vendedor. Isso pode ser feito pela internet, por um aplicativo, ou, ainda, pelo metaverso, método que nos permite virtualmente pegar o objeto que estamos querendo adquirir, apalpá-lo, senti-lo, tudo isso sem estar próximo dele, ou melhor, sem que ele realmente exista fisicamente.

A disrupção, como afirmado acima, traz economia de tempo, esforço e – agora acrescento – economia financeira.

Vou dar um exemplo pessoal. Nos anos 1980, comecei a participar de congressos no exterior. Quando eu chegava a outro país, a primeira atitude que tomava era a de telefonar para os meus pais. Era algo complicado; primeiro falava com a telefonista do hotel, esta ligava para a telefonista de seu país, que chamava a do Brasil, a qual ligava para minha casa. Além de demorado, era uma coisa cara. Depois, ligar para meu escritório ou dele para mim só em casos de extrema necessidade.

Atualmente, ainda participo de muitos congressos no exterior e mantenho contato diário com o Brasil várias vezes por dia pelo WhatsApp, com mensagens por texto ou por voz, sem pagar nada, além de telefonar também sem pagar, utilizando o mesmo aplicativo.

Peter Druker[1] disse que "se você quer algo novo precisa parar de fazer algo velho", ou seja, não dá para seguir adiante utilizando-se de métodos ultrapassados. Alguém conseguiria utilizar hoje em dia a máquina de escrever tendo os computadores à disposição?

A pandemia da Covid-19 antecipou métodos disruptivos de trabalho. Fomos obrigados a trabalhar em nossos lares e a nos comunicarmos com nossos colaboradores, sócios e clientes por vídeo. E até aulas em escolas e universidades assim foram ministradas.

O teletrabalho, que até então era uma forma de trabalho que não atraía, passou a ser constante, mesmo após a pandemia. Vimos que não precisamos estar fisicamente próximos das pessoas para convivermos e trabalharmos.

Os cursos de pós-graduação presenciais praticamente se acabaram. E que coisa boa, pois um aluno que esteja em Roraima poderá frequentar um curso ministrado no Rio Grande do Sul, com economia de tempo e dinheiro. Na verdade, não temos mais certezas, e sim expectativas. Ninguém pode imaginar o que acontecerá no mundo disruptivo.

Lembremo-nos dos aparelhos de videocassete; criamos o hábito de alugar fitas em locadoras para assistirmos em casa filmes clássicos, ou até aos lançamentos, que pouco antes estavam nos cinemas.

Surgiram as pequenas locadoras, que foram "engolidas" pela Blockbuster. Esta imaginou que subsistiria para sempre. Surgiram os DVDs e a empresa passou a locá-los entregando-os nas residências dos clientes; estes passaram a comprar DVDs em magazines e livrarias, e deixaram de alugar vídeos e DVDs. Resultado: nem pequenas nem grandes locadoras existem mais.

E hoje, podemos buscar filmes nas várias plataformas de *streaming* existentes, com o conforto de não precisarmos sair de casa.

Um outro exemplo. A Kodak foi a grande empresa de fotografia do século XX, pois desenvolvera, ainda no século XIX, o filme flexível, além de máquinas fotográficas de todos os tamanhos e capacidades.

Vieram as máquinas digitais, seguidas dos *smartphones*, e a Kodak por pouco não acaba, pois demorou para enxergar que as fotos com filmes acabariam. Hoje, ela se dedica a outras atividades ligadas à tecnologia, mas não é mais conhecida como sinônimo de fotografia.

---

1 Escritor, professor e consultor administrativo de origem austríaca, considerado o pai da administração ou gestão moderna.

Você talvez esteja lendo este livro em um aparelho digital (Kindle, iPad). É outra revolução, pois podemos carregar conosco, em um simples e pequeno aparelho, toda uma biblioteca[2]. É uma revolução que comprova a economia de espaço, e também financeira. Um livro vendido no exterior – que custaria caro não só por ele mesmo, mas também sua remessa para o Brasil, sem contar o tempo para chegar – pode estar em nossas mãos em minutos, pagando muito menos, comprando-o como e-book.

O problema também é de *mindset*, pois algumas pessoas não enxergam as mudanças e são refratárias a elas.

Na minha atividade de advogado, algo que deu muito certo foram as audiências e julgamentos por videoconferências.

Audiências em fóruns, onde não existe conforto para longas esperas; distâncias e gastos com deslocamentos, foram superadas utilizando-se a videoconferência. E mais, a distância física entre juízes, advogados, partes e testemunhas diminui a possiblidade de conflitos.

Os julgamentos que ocorrem em tribunais também trouxeram agilidade e praticidade. Um julgamento no Tribunal Superior do Trabalho, que fica em Brasília, pode ser realizado com os advogados em seus escritórios em qualquer lugar do Brasil, sem a necessidade de viagens, estadias em hotéis e outros gastos.

Mesmo com toda essa praticidade, o Conselho Nacional de Justiça (CNJ) não acompanhou esse momento disruptivo dos trabalhos jurídicos e determinou que as audiências voltassem ao presencial, sendo exceção a videoconferência.

Como podemos enfrentar este momento disruptivo?

Com a mudança de mentalidade e a atenção ao que está acontecendo no mundo e no nosso meio. Norman Vincent Peale[3] afirmou: "mude seu pensamento e você mudará o mundo". Parece exagero, mas não é. Sabe aquela história de que o pior lugar em que podemos estar é a zona de conforto? Pois é!

Às vezes precisamos fazer uma faxina em nossas mentes, da mesma forma que fazemos em nossa casa ou local de trabalho. Sei que não é fácil abandonarmos crenças e métodos que nos trouxeram até aqui; mas é isso, serviram para nos trazerem até aqui e não nos levarão mais adiante. Imaginemos uma viagem de carro por uma estrada que termina em um rio, o qual precisamos

---

[2] Minha biblioteca tem mais de sete mil volumes, mas tenho em torno de cem livros que os carrego em um iPad, principalmente para ler em aviões.

[3] Pastor e escritor norte-americano, autor de teorias sobre o pensamento positivo. É considerado, nos Estados Unidos, o ministro dos "milhões de ouvintes", o doutor em "terapêutica espiritual".

transpor para chegarmos ao nosso destino. O carro não nos servirá para tal travessia, pois precisaremos de um barco.

Teremos de investir muito no desapego, partindo do princípio de que nada daquilo nos servirá doravante. De novo o exemplo da máquina de escrever. Ela nos servirá hoje em dia com a mesma capacidade de um computador?

Pense em tudo o que você aprendeu em seu curso superior, e perceberá que muitas informações que adquiriu não servem para mais nada!

Para estarmos abertos ao novo, precisamos jogar o velho fora. Nesse projeto, teremos de aceitar nossas obsolescências. Gosto muito de um ditado que ouvi há alguns anos: "Fazer a coisa certa por tempo demais pode, também, nos levar ao fracasso".

O mundo do trabalho não aceita mais gestores autoritários. Minha geração foi educada para obedecer sem questionar. Nossa formação, desde a época do denominado curso primário, era de obediência hierárquica militarizada. Tínhamos de fazer fila para entrar na sala de aula, comandados por uma professora, e acima desta havia a diretora.

Crescemos e começamos a trabalhar, com fila para entrar na empresa, onde tínhamos o chefe, o subchefe, o gerente e o diretor. O respeito era por conta do temor.

Hoje, os chefes são chamados de gestores, e os empregados, de colaboradores. No passado, receber uma advertência verbal ocorria aos gritos. Hoje, se isso acontece, o gestor e a empresa podem ser punidos, pois a isso se denomina assédio moral.

Temos de adquirir o hábito de visitarmos o futuro, que você poderá mirar com medo ou com entusiasmo. Eu sou entusiasmado com o mundo novo que surge a cada dia. Formas de trabalho novas, profissões que surgem e que desaparecem na mesma velocidade. Sem contar as antigas, que sumiram e nunca mais voltarão. Na minha infância, minha mãe pedia para ir ao açougue quase que diariamente, e a carne comprada era embrulhada em jornais velhos! Será que isso aconteceria hoje? Compramos carnes no supermercado, as congelamos em *freezers*, sem contar que são envoltas em plásticos totalmente higienizados.

Você já pensou que, quando os carros foram inventados, tínhamos os cocheiros, que conduziam carroças, e os limpadores de dejetos dos cavalos nas ruas? Naquela época, quem não percebeu que as carroças dariam lugar aos carros ficou sem trabalho.

E assim é a vida, o novo sempre vem, e cabe a nós acelerarmos o futuro. Novos problemas não podem ser resolvidos com velhas soluções. Nós somos o principal agente da mudança, e não as ferramentas, as quais são criadas por homens e mulheres.

Nosso crescimento é uma viagem que começa por palavras, que se transformam em ações, que, por sua vez, viram hábitos, e estes se transformam em caráter que, por fim, nos levará ao nosso destino.

Todos somos capazes de cultivar qualidades, desde que nos esforcemos. Temos, ainda, capacidade de mudar essas qualidades, não sendo estas imutáveis.

Mesmo nos relacionamentos afetivos: no passado, uma pessoa se casava e presumia-se que seria para sempre, e invariavelmente o era. Não precisava de mais nada para manter o casamento. Hoje, há que se conquistar seu/sua parceiro/a todos os dias, e isso é uma mudança profunda de mentalidade.

O que estou querendo demonstrar é que a vida não é mais linear; e me vem à mente a frase de Fernando Pessoa: "Navegar é preciso, viver não é preciso", a qual creio que nunca foi tão atual para entendermos o mundo de hoje.

O pensamento linear é extremamente limitador. Temos de aprender a projetar o amanhã, ainda que não saibamos o que está por acontecer. Sei que é assustador, mas não tem outra forma de se sobreviver nessa nova realidade. A síndrome de Gabriela ("eu nasci assim , vou ser sempre assim") fará sucumbir quem não superá-la, e isso é muito triste.

Termino falando um pouco de mim. Formei-me em Direito aos 23 anos de idade. Ingressei no mestrado em Direito do Trabalho; em seguida, tornei-me doutor, aos 38 anos. Aos 41, fui para a Espanha cursar um pós-doutorado em Direito do Trabalho. Aos 45, resolvi fazer uma pós-graduação em Comunicação Jornalística. E em 2020 resolvi fazer uma pós-graduação em Ciências Humanas, isso aos 61 anos.

Sempre fui disruptivo, me abrindo para o novo; e é isso que sugiro a todos, ou seja, a busca constante de conhecimento e um olhar atento ao que está a nossa volta e também ao futuro. Olhar menos no retrovisor e mais pelo para-brisa, pois a vida é para a frente, e não para trás. Logo, aprenda, desaprenda e reaprenda; com coragem e entusiasmo.

11

LIDERANÇA PARA HUMANOS

Neste capítulo, analisaremos não apenas um modelo, mas uma mentalidade de liderança essencial, tanto para aqueles que ocupam posições de liderança quanto para aqueles que... bom, são humanos!

JANAINA YARA AUGUSTO

Janaina Yara Augusto

Contatos
www.artreinamentos.com.br
ar@artreinamentos.com
ajanainayara@gmail.com
Linkedin: @janaina-augusto
Instagram: @jana.yara.augusto

Mestra em Administração de Empresas com foco em Estratégia pelo Insper (2017); com pós-graduação em Psicologia Organizacional pela PUC (2023); *Certified Practitioner in PNL* pelo MSI – Master Solution Institute (2016); com certificação em *Strategy under uncertainty: scenario planning* pelo Insper (2020), *Conflict Transformation* pela Emory University (2021) e Inteligência Emocional pela PUC (2022). Sócia da Augusto & Rinaldi Consultoria e Treinamentos em Liderança e Habilidades Comportamentais. Coordenadora do Comitê Alumni de Liderança do Insper. Mentora, palestrante e professora com 20 anos de experiência no mundo corporativo, 11 deles liderando equipes. Apaixonada por gente, trabalha com o propósito de humanizar as relações.

A liderança não tem a ver só com a posição que você ocupa em uma estrutura organizacional, mas sim com a habilidade de demonstrar que se preocupa e cuida de quem está ao seu redor.
TONIA CASARIN

Reflexões do papel do líder não estão restritas àqueles que ocupam o topo da pirâmide organizacional. Liderar é um processo sistêmico, que envolve a tudo e a todos. No ambiente de transformações em que vivemos, todos devem adotar uma mentalidade de liderança para que estejam preparados a assumir o protagonismo no decorrer de sua trajetória.

O mundo muda rapidamente; ele é incerto, não linear, complexo e experimenta um avanço tecnológico exponencial. Diante desse cenário, temos uma certeza: nós continuaremos sendo humanos. Assim, torna-se mandatório humanizarmos nossas relações.

Neste capítulo, voltaremos nosso olhar para a humanização das relações de liderança.

Liderança humanizada não é um conceito novo, porém ainda não é amplamente experimentado nas organizações. Não é difícil nos depararmos com modelos ultrapassados de liderança, que valorizam a cultura do medo, o microgerenciamento e a carga de trabalho excessiva. Em alguns momentos de nossa trajetória, nós mesmos normalizamos a jornada excessiva, o esgotamento físico e mental, e não é raro relacionarmos isso ao sucesso profissional.

Vivemos em um sistema que não cria lideranças para cuidar dos liderados, que não trabalha o desenvolvimento das relações humanas. Durante nossa formação, recebemos todo o conhecimento técnico – as *hard skills* – e não aprendemos sobre como ter conversas difíceis, sobre autoconhecimento, vulnerabilidade (e na prática muitas vezes aprendemos que não devemos demonstrá-la), escuta ativa, colaboração, resolução de problemas, como dar e receber *feedbacks* ou fazer reuniões; as habilidades comportamentais (e humanas) ficam de fora da grade curricular. Quando aprendemos algo sobre

Janaina Yara Augusto

liderança, são modelos engessados, com aquele lema *"one size fits all"* (em tradução livre, "um tamanho serve para todos") que não faz mais sentido, considerando-se que somos iguais em nossa humanidade, mas, ao mesmo tempo, completamente diferentes uns dos outros.

Partimos para o mercado de trabalho e não é raro experienciarmos uma gestão baseada no comando e controle, que infelizmente ainda é o modelo escolhido por muitos líderes jurássicos que encontramos por aí.

O formato de comando e controle funcionou durante muito tempo. Em um ambiente empresarial com ritmo de mudança lento, estável e previsível, a hierarquização da tomada de decisão fazia sentido. Esse ritmo lento de mudança gerava um repertório duradouro para os líderes, que detinham uma compreensão mais abrangente e especializada do negócio. O líder era imbatível, um super-herói que tinha a resposta para todas as perguntas.

A gestão centralizada, concentrada nas mãos daqueles que ocupavam cargos hierarquicamente superiores, ajudava a dar conta de um volume maior de decisões a serem tomadas. Com a padronização dos procedimentos operacionais era possível ganhar escala em um ambiente com perfil mais sólido do que volátil.

Ocorre que as pré-condições necessárias para a prosperidade desse modelo não estão mais presentes. Não é viável a insistência em manter um padrão existente há séculos em um ambiente tão distante do original.

A pandemia escancarou a necessidade de mudança dos modelos de gestão então existentes e fez que percebêssemos algo que durante muito tempo ignoramos: somos seres integrais. A linha imaginária que traçávamos para separar a vida profissional da pessoal na verdade nunca existiu. Percebemos que não bastava a tecnologia passar por um avanço exponencial, precisávamos resgatar a humanidade comum entre nós para que nós mesmos, seres integrais, também nos tornássemos exponenciais. Entendemos que é necessário dedicar a nossa energia para desenvolver a melhor tecnologia que temos à disposição: a humana.

Na jornada do líder, ocorre uma disrupção quando ele sai da visão linear, do comando e controle, e tem essa percepção do ser integral, compreendendo as necessidades da sua equipe nas dimensões pessoal e profissional, atuando com uma visão mais humana e empática. Sai de cena a liderança direcionada pelo comando e controle e entra a liderança que cuida de "como" atingir os resultados, colocando as pessoas no centro.

Nessa jornada, é essencial que o líder não olhe apenas para a equipe, mas para si mesmo e perceba o impacto de suas atitudes no mundo. Que não esteja preocupado apenas com a próxima meta a ser batida, mas com o fortalecimento da relevância da empresa para as próximas décadas, com seu propósito e relevância no mundo; que escolha investir no ser humano para que ele se torne um profissional melhor e um cidadão melhor. Alguém movimentando-se de maneira intencional e influenciando positivamente suas relações – com o EU, o NÓS e o MUNDO.

O eu

Antes de olharmos para fora, é preciso mergulhar dentro de nós.

Muitas vezes, não temos consciência de nossos modelos mentais ou da influência que eles exercem sobre nosso comportamento. Executamos tarefas automatizadas, sem realmente prestar atenção às ações, sem estarmos cientes das características das situações em que nos encontramos ou como nos sentimos em relação a elas.

Trabalhar o autoconhecimento não é mandatório apenas para aqueles que ocupam cargos de liderança, mas para todos. Sem ele, a tendência é tomarmos decisões por impulso ou por influência externa, deixando de lado nossos próprios desejos e convicções. Como resultado, nos sentimos frustrados, nossas escolhas não geram satisfação, pois não têm nenhum significado e não estão alinhadas a quem somos de verdade.

A nossa visão de mundo é única, e para agirmos de maneira consciente, é preciso entender e conhecer quem somos. Entender nossas emoções, forças, fraquezas, necessidades, impulsos, valores, crenças, propósito, medos e o modo como tudo isso afeta nossas relações e o mundo.

O autoconhecimento é a porta de entrada para a autoconsciência, a autoconfiança, o equilíbrio emocional e a chave para o desenvolvimento pessoal. É por meio dele que tomamos consciência das habilidades que já temos bem desenvolvidas e aquelas que desejamos desenvolver. À medida que conhecemos nossas habilidades, ficamos seguros e confiantes quanto àquilo que sabemos, entendemos que o fato de não termos todas as respostas não diminui nosso valor; pelo contrário, confirma que somos humanos em uma constante jornada de desenvolvimento.

Brené Brown, escritora, pesquisadora e palestrante norte-americana, ressignifica a visão da vulnerabilidade como fraqueza à medida que, ao ter coragem de assumir suas imperfeições, o indivíduo se empodera, pois tem condições de lidar abertamente com esse desafio. Segundo ela, a confiança e a vulnerabilidade crescem juntas: quanto mais percebo o que sei, mais vejo o que não sei.

A vulnerabilidade nos conecta enquanto humanos e permite que a liderança estabeleça relações mais horizontais, gerando uma conexão verdadeira.

Não é segredo que o líder-herói já não tem espaço em um mundo em constante mudança; quando ele pensa que tem todas as respostas, as perguntas já mudaram.

Humanos não têm todas as respostas, com isso estão sujeitos ao erro; essa humildade intelectual e autocompaixão ajuda a entender que, mesmo não tendo todas as respostas nem sempre acertando em todas as decisões, está tudo bem. Dúvidas surgirão no caminho, mas isso não altera sua capacidade ou percepção de valor próprio.

O nós

O ser humano é um ser social em sua essência, e é exatamente nessas relações com os outros que evoluímos.

Quando nos conectamos com aquilo que está dentro de nós, abrimos um espaço verdadeiro para conexão com o outro, fortalecendo nossas relações, tornando-as mais humanas, empáticas e verdadeiras.

Toda narrativa tradicional que vimos no início deste capítulo estava focada no "eu", a estratégia, a decisão, a capacidade eram apenas do líder.

Em uma abordagem humana, o líder capacita outras pessoas, cria conexões, mostra sua vulnerabilidade ("abaixa a guarda"), criando um ambiente de confiança e segurança psicológica em que todos podem se expor oferecendo seu melhor, sem se intimidar diante dos desafios dessa jornada. Sem essa segurança, a equipe sente medo de fazer algo novo, de sair do ordinário e inovar. Dificilmente a inovação surgirá em uma cultura movida pelo medo, em que muitas vezes a punição é desproporcional ao erro cometido; já em um ambiente que trabalha com "acertos *vs.* aprendizados", a inovação encontra terreno fértil.

Além da segurança psicológica, em um ambiente de alta confiança, no qual todos percebem que a liderança é comprometida e fará o melhor para os membros da equipe, há uma melhora no engajamento e no bem-estar dos indivíduos, com impacto inclusive no índice de rotatividade dos trabalhadores.

O líder humano, que se conecta com as pessoas, engaja todos na causa da organização, ele empodera a equipe e sabe que o atingimento de metas e resultados só acontece "com" as pessoas.

A humanização nas relações pode acontecer mesmo sem mudanças estruturais na empresa, ela começa nas mudanças comportamentais: no diálogo, na escuta, na disponibilidade para orientar quem está chegando, na colaboração, no estímulo aos questionamentos (em um ambiente com segurança psicológica não existem perguntas "bobas"), no estabelecimento de vínculos genuínos e no cuidado daqueles que estão ao nosso redor (e, convenhamos, isso é uma escolha individual independente de exercermos ou não um cargo de liderança).

No nível organizacional, o cuidado humano não deve estar preso a uma placa bonita na porta de entrada, é preciso que esteja presente em todos os pontos de contato com a empresa: nas palavras usadas em seu discurso, na tomada de decisão, nas relações com fornecedores e clientes, em toda a jornada do colaborador (da seleção ao término da relação de trabalho), nos produtos, nas ações de marketing e redes sociais. A empresa precisa praticar verdadeiramente aquilo que prega ("*Walk the talk*"). O discurso vazio não se sustenta e quando é percebido faz as pessoas perderem a confiança.

Praticando uma liderança intencional, reconhecendo sua responsabilidade na criação de um vínculo positivo, é possível causar um impacto gigantesco na vida das pessoas à nossa volta.

O futuro é humano, precisamos perceber que nós não o construiremos de maneira solitária.

O mundo

Falamos sobre como a pandemia intensificou a visão humanista. Durante o período de isolamento, aprendemos novas maneiras e pudemos perceber a importância de nos conectar uns com os outros.

Tonia Casarin, palestrante e pesquisadora, faz uma analogia do impacto de nossas atitudes com o impacto de uma gota d'água no oceano, que forma pequenas ondas que continuam a reverberar após o contato. Quando o líder constrói conexões humanas, o impacto dessa atitude não atinge apenas uma pessoa, mas todo aquele sistema que a cerca, fazendo essa atitude reverberar como a gota d'água no oceano. Não é sobre o herói que tem todas as respostas, mas sobre o líder humano que se desenvolve dentro de cada um, fazendo que nos tornemos profissionais melhores, indivíduos melhores e cidadãos melhores.

Enquanto muitas lideranças procuram maneiras pelas quais a sociedade pode ajudar a tornar a organização mais lucrativa, o líder humano acredita que a organização deve ser lucrativa como forma de contribuir com a sociedade; ele pauta suas decisões pensando nesse impacto a longo prazo, que ultrapassa as paredes daquele negócio. Não se trata apenas de lucrar, mas de ter um propósito maior e criar valor para todos.

Sabemos que o mundo está repleto de problemas e não devemos fechar os olhos fingindo que não estão acontecendo, mas também não devemos nos acomodar diante deles. Quando tomamos consciência quanto ao impacto de nossas atitudes nas outras pessoas (e lembre-se, aqui não estamos falando apenas de profissionais em posições de liderança), percebemos nossa responsabilidade perante todo um sistema que se conecta. É nas nossas redes de relacionamento que podemos causar um impacto positivo na nossa vida, na de outras pessoas e, se elas continuarem o movimento, teremos um aumento exponencial de gotas de humanidade no oceano.

> *Você não pode passar um único dia sem causar um impacto no mundo ao seu redor. O que você faz, faz a diferença, e você tem que decidir que tipo de diferença quer fazer.*
> JANE GOODALL

Referências

BROWN, B. *A coragem de ser imperfeito: como aceitar a própria vulnerabilidade, vencer a vergonha e ousar ser quem você é.* Rio de Janeiro: Sextante, 2013.

BROWN, B. *A coragem para liderar: trabalho duro, conversas difíceis, corações plenos.* 11 ed. Rio de Janeiro: BestSeller, 2021.

CASARIN, T. *Liderança exponencial: a transformação humana é o motor dos líderes do futuro.* Rio de Janeiro: Decola, 2022.

MAGALDI, S.; NETO, J. S. *Liderança disruptiva: habilidades e competências transformadoras para liderar na gestão do amanhã.* São Paulo: Gente, 2022.

12

GAMIFICAÇÃO DA EDUCAÇÃO

Estudos de neurociência explicam como nosso cérebro aprende e como abordagens muito utilizadas não aproveitam todo o potencial dos alunos. Para isso, formas disruptivas de aprendizado, como a gamificação, têm sido utilizadas. A gamificação consiste em inserir elementos de jogos nas aulas, tornando o processo de ensino mais variado e interessante, contribuindo significativamente para o aprendizado.

JONATHAN ALVAREZ

Jonathan Alvarez

Contatos
allisson.jonathan@gmail.com
Instagram: @_gameduca_
@jonathan.alvarezzz
11 99171 2705

Doutorando em Administração com foco em novas abordagens de aprendizado (previsão de conclusão em 2024), mestre em Administração focada em inovação (2022) e graduado em Comunicação Social (2013). Tem como foco de suas pesquisas transformação digital, empreendedorismo e educação, principais temas de seu *podcast* "Game Pod Educar". Trabalhou por 11 anos nas áreas de marketing digital e inteligência de mercado, atuando em grandes empresas dentro e fora do Brasil, em parceria com grandes marcas como Nike, Vivo, Volkswagen e Playstation. Atua como professor desde 2009, tendo descoberto sua paixão por ensinar e a curiosidade pelo uso de jogos (gamificação) durante suas aulas. Fundador da Gameduca, empresa especializada em tornar o aprendizado mais atrativo e eficiente.

No nosso dia a dia, somos bombardeados por informações e distrações a todo o tempo, e quando aprendemos, isso não é diferente. Muitos alunos usam celulares durante as aulas; e quando não são permitidos, ficam pensando em quando poderão acessá-los novamente. Quando falamos de educação a distância, as distrações se tornam ainda mais presentes. O uso de redes sociais libera pequenas doses de dopamina no cérebro, substância responsável pela sensação de bem-estar, causando vício semelhante ao das drogas. Por isso, manter o foco e o engajamento dos alunos tem se tornado um desafio cada vez maior.

O aprendizado não exige apenas que o aluno escute o conteúdo, ele precisa assimilar o que é ensinado para criar memórias de longo prazo. Estudos de neurociência afirmam que o processo de aprendizado depende de quatro fatores importantes:

- **Emoção:** o aspecto emocional interfere diretamente na nossa cognição: quanto maior a carga emocional de um evento (seja positiva ou negativa) maior sua fixação no nosso cérebro. Portanto, uma conexão afetiva positiva ajudará o estudante a guardar o conteúdo aprendido.
- **Motivação:** a motivação é despertada por meio da curiosidade e do interesse. Esse interesse é ativado quando o aluno é desafiado e tem sua curiosidade estimulada. Ao mesmo tempo, um desafio muito difícil pode frustrá-lo e impactar negativamente sua motivação.
- **Atenção:** é definida como uma escolha, não uma característica inata. Nós prestamos atenção a algo quando possui significado. A desatenção dos alunos nem sempre é sinal de indisciplina, muitas vezes é causada por falta de entendimento e de significado do conteúdo.
- **Memorização:** para que o cérebro memorize algo, ele precisa saber relacionar e refletir sobre isso. As sinapses do cérebro funcionam por meio de um processo de assimilação: quanto mais assimilações um conteúdo causar, maior será sua fixação no cérebro.

Além dos aspectos cognitivos, temos que pensar nos estilos de aprendizagem apresentados por Kolb (1992). Em média, a distribuição em uma sala de aula consiste em 19% dos estudantes com perfil de aprendizado auditivo, 46% visuais e 35% cinestésicos (aprendem fazendo). Outra teoria importante é a pirâmide de aprendizagem, criada pelo psiquiatra William Glasser. Essa teoria demonstra por meio de uma pirâmide quanto conteúdo ensinado é absorvido, separando a pirâmide entre aprendizagem passiva e aprendizagem ativa. Na figura a seguir, temos as diferentes técnicas de aprendizagem e a porcentagem de conhecimento absorvido por cada uma delas.

Pirâmide de Glasser. Adaptada pelo autor.

Quando olhamos para a forma de ensino adotada normalmente, essas questões não são consideradas. A aula expositiva (aprendizagem passiva), na qual o professor apresenta o conteúdo e dá exemplos, apesar de ter sua importância, não explora toda a capacidade de absorção dos alunos.

Pensando nesses desafios, a gamificação ganhou espaço no processo de ensino. As primeiras menções à gamificação surgiram em 2003, mas seu uso ocorre desde o início do século XX. Ela consiste na aplicação de elementos de jogos de tabuleiros ou digitais a atividades que não são jogos, como: processos seletivos, integração de equipes, programas de fidelidade e a educação. Apesar de seu contexto lúdico, a gamificação de um processo não o transforma em uma simples brincadeira ou algo que não se deva levar a sério.

O principal objetivo da gamificação do aprendizado é torná-lo mais interessante e diversificado, refletindo diretamente na capacidade absortiva dos alunos. Além disso, a gamificação busca criar no aluno uma motivação de jogador, de modo que ele foque nos objetivos, realize tarefas, se esforce para se superar e obtenha uma sensação de vitória ao concluir um desafio – e claro, assim como em um jogo, sempre poderá tentar novamente se falhar. Vale lembrar que a prática não consiste no abandono dos métodos tradicionais de ensino, e sim em um auxílio ao desenvolvimento dos alunos.

Para gamificar suas aulas, o professor pode criar cenários, missões, desafios e uma narrativa relacionados ao que será ensinado, trocando palavras para tornar a experiência mais imersiva. A atividade gamificada exige um cuidadoso processo de planejamento. Ele deve começar por um documento no qual são descritas regras, etapas, objetivos e conquistas do jogo. Detalhando os aspectos do jogo, podemos destacar os elementos a seguir:

- **Níveis ou fases:** utilizados para dar maior visibilidade aos objetivos, evolução e conquistas do jogador. Devem seguir um sistema de progressão, em que os primeiros níveis são mais fáceis e a dificuldade aumenta conforme o jogador adquire novas habilidades. Essa progressão proporciona maior diversidade de conteúdo-base para aumentar os pontos de assimilação do que está sendo aprendido. Para tornar isso ainda mais útil, o professor pode criar os níveis, pensando nas diferentes formas de aprendizado presentes na pirâmide de aprendizagem de Glasser, proporcionando desafios diversos para o aluno.
- **Medição de progresso:** utilizar uma barra de progresso ajuda a mostrar para os jogadores seu avanço até determinado objetivo, permitindo também o monitoramento deles para que não fiquem muito atrás do restante do grupo. Elas se tornam ainda mais importantes em jornadas longas, nas quais é preciso cumprir diversas atividades até atingir um objetivo ou concluir uma fase.
- **Pontos:** funcionam como medida de sucesso ou de evolução das atividades realizadas. Podem ou não ser trocados por recompensas, como uma moeda. Esses pontos recebem diversos nomes, assim como nos jogos, podendo ser genéricos como: XP (*Experience Points*), Ouro ou Moedas. Mas também podem receber nomes customizados para sua turma, escola ou empresa, como as Pokemoedas do jogo Pokemon Go. O mais importante é que sua utilidade esteja clara (medição de progresso, moeda de troca ou ambos).
- **Prêmios:** são uma forma eficaz de motivação. Estudos apontam que é melhor atribuir diversas pequenas recompensas ao longo da jornada do que apenas um grande prêmio ao final. Os prêmios não precisam ser financeiros: um exemplo é fornecer acessórios para a jornada do aluno no jogo, como acessórios estéticos para seu personagem (avatar).
- **Medalhas:** chamadas também de troféus ou distintivos, são formas de reconhecimento do cumprimento de algum desafio. Estudos confirmam que

são eficientes para manter o aluno engajado durante tarefas subsequentes que demandam muito tempo para serem realizadas.

- **Placares:** as tabelas de classificação, ou placares, têm como objetivo criar um ambiente competitivo, exibindo a pontuação e/ou o nível de cada jogador, fazendo que esses se dediquem para conseguir a posição mais alta. É importante lembrar que nem todos se motivam com a competição; por isso, esses placares costumam mostrar apenas os primeiros colocados, mantendo os outros em anonimato. Mesmo assim, alguns alunos, ao se verem muito longe do topo, podem nem sequer tentar alcançá-lo. Pensando nisso, uma outra forma de se usar esses placares é gerar uma competição do estudante consigo mesmo, de modo que tente se superar, sem se comparar com os outros.
- *Feedback:* o retorno sobre o resultado da trajetória do estudante deve ser feito da forma mais clara e imediata possível para que não tenha efeito negativo no seu engajamento. É importante que o jogador saiba imediatamente quantas recompensas conseguiu, se pode seguir na sua jornada ou se precisa voltar para cumprir alguma atividade.
- **Narrativa:** assim como em um jogo, é importante que a atividade gamificada traga uma história, que é a conexão entre todas as outras ações da gamificação. Criando uma história que faça paralelo com as atividades de aprendizagem, o aluno cumprirá uma etapa do seu curso, significando que cumpriu uma etapa da história do jogo. Por exemplo, seu curso tem cinco módulos, sua história pode ter cinco chefões, e cada módulo concluído significa que o jogador venceu um dos chefões. Vamos tornar esse exemplo mais palpável. Imagine as quatro etapa a seguir:

Durante seu aprendizado, o aluno deverá assistir às aulas de um módulo do curso (1), depois realizar uma prova (2), conseguindo parte do seu certificado (3) e autorização para seguir para o próximo módulo (4).

Transferindo essas etapas para a narrativa, o aventureiro precisa explorar a Terra dos Dragões (1), matar o Dragão (2) para conseguir a Espada Mágica (3) e seguir para a Terra dos Gigantes a fim de matar o Gigante que ameaça seu reino (4). Veja que, além do processo de aprendizado e teste, essa narrativa apresenta todos os conceitos da gamificação:

- **Níveis:** Terra dos Dragões.
- **Barra de progresso,** *feedback* **e placares:** a evolução dos alunos na jornada é medida por meio das terras visitadas, exibindo sua localização em um mapa. Caso ele seja reprovado em alguma avaliação, deve ser comunicado imediatamente que não conseguiu vencer o chefão e deve voltar ao início da Terra dos Dragões para coletar itens (assistir às aulas novamente) ou então tentar enfrentar o dragão novamente (refazer a prova sem assistir o curso).

- **Pontos:** serão atribuídos pontos conforme esse aventureiro conclui desafios. Na narrativa ele pode receber uma recompensa ao vender o veneno do dragão para um alquimista.
- **Prêmios e medalhas:** a própria espada mágica da narrativa já serve como um acessório para seu avatar, indicando seu progresso. Caso seja possível, forneça um prêmio na vida real (que pode ou não ser trocado por pontos); esse prêmio deve ter relação com a narrativa – por exemplo, um vale na "Lanchonete do Dragão".

Além dos elementos gamificados, é preciso utilizar a criatividade na narrativa. Por exemplo: ao invés de matar um dragão para pegar uma espada para matar um gigante, poderia sugerir que o herói faça amizade com o dragão para que ele o leve até a Terra dos Gigantes, para então fazer um acordo com eles. Seria ainda mais interessante se fosse uma aula de negociação. Veja como fica ainda mais cativante quando a narrativa cria paralelos com o que acontece na realidade. As possibilidades são enormes. Diversos tipos de aulas podem conter narrativas paralelas ao aprendizado. Um estudante de Excel se transforma em um cartógrafo que precisa chegar ao fim do labirinto, um estudante de finanças será um rei que precisa acabar com a pobreza do seu povo e um estudante de design será um artista produzindo peças para galerias.

Para ajudar no desenvolvimento da aula gamificada, vale consultar alguns exemplos. Uma recomendação é o Geekie Games Enem, no site geekiegames.com.br. Esse site é uma iniciativa do governo brasileiro para capacitar estudantes para a prova do Enem. Nele, é possível acompanhar o desempenho do estudante por meio de sua pontuação e receber orientações sobre o que precisa ser revisado. Outro local para consultar exemplos práticos de gamificação na educação é o site Class Dash | Aula em Jogo: classdash.aulaemjogo.com.br. Nele, você tem acesso, de maneira gratuita, a tabuleiros customizáveis e planos de aula que explicam como a dinâmica deve ser conduzida.

Apesar de diversos conceitos associados à gamificação, ela não segue uma regra ou um padrão específico, podendo ser aplicada de maneira superficial e abrangendo apenas alguns aspectos do aprendizado, ou de maneira completa, todas as suas etapas. Pode ou não exigir recursos financeiros ou alteração de processos, tudo depende da necessidade dos que vão aprender e da capacidade dos que vão ensinar. Para isso, é importante pensar na formação e na experiência dos docentes, sendo necessário que dominem os recursos digitais e tenham interesse em novas abordagens de ensino.

Referências

BRITO, A.; MADEIRA, C. *Metodologias gamificadas para a educação: uma revisão sistemática*. Conference: XXVIII Simpósio Brasileiro de Informática na Educação – SBIE (Brazilian Symposium on Computers in Education), 2017.

CANTO, L.; BASTOS, C. Avaliação dos estilos de aprendizagem em universitários: uma revisão sistemática. *Revista E-Tech*, 2020.

DIAS, P.; YOSHIDA, T. Estilos de aprendizagem Felder-Silverman e o aprendizado com jogos de empresa. *Rev. Adm. de empresas*, 53 (5), 2013.

ESPADA, B. *Redes sociais e o impacto na educação*. Janus, 9, 2012.

FARDO, L. A gamificação aplicada em ambientes de aprendizagem. *Renote*, 11, 2013.

FARDO, L. *A gamificação como estratégia pedagógica: estudo de elementos dos games aplicados em processos de ensino e aprendizagem*. Dissertação – Mestrado em educação. Universidade Caxias do Sul, 2014.

JAPIASSU, B.; RACHED, A. A gamificação no processo de ensino-aprendizagem: uma revisão integrativa. *Revista Educação em Foco*, 2020.

MUNHOZ, S.; MARTINS, M. *Gamificação: perspectiva de utilização no ensino superior*. XX CIABED, 2014.

NAH, H.; ESCHENBRENNER, B. Gamification of education: a review of literature. *HCI in business*, 2014.

ORLANDI, T.; DUQUE, C.; MORI, A.; ORLANDI, M. *Gamificação: uma nova abordagem multimodal para a educação*. Biblios (70), 2018.

RAYMER, R. *Gamification: Using game mechanics to enhance eLearning*. ELearn, 2011.

SENA, S., SOUSA, L.; FIALHO, P. Aprendizagem baseada em jogos digitais: a contribuição dos jogos epistêmicos na geração de novos conhecimentos. *Renote*, 14(1), 2016.

SILVA, M.; SAUAIA, A. Ambientes laboratoriais para pesquisas com jogos de empresas. *Revista FACES Journal*, 2016.

QUAIS SÃO AS SUAS FORÇAS?

Neste capítulo, você descobrirá como identificar suas forças de caráter. Acessar essas forças pode ajudar a enfrentar os desafios da vida, trabalhar em busca de objetivos e alcançar melhores resultados, tanto pessoais como profissionais.

JULIANA S. MARCELINO ROMA

Juliana S. Marcelino Roma

Contatos
julianasilvamarcelino@gmail.com
Linkedin: linkedin.com/in/porjulianamarcelino
Instagram: @porjulianamarcelino
66 98408 7793

Graduada em Direito pela Universidade Federal de Goiás (UFG), pós-graduada em Docência Universitária, especialista em Gestão pela Fundação Dom Cabral (FDC), mestranda em Administração de Empresas pela Universidad de la Empresa – UY (UDE). Curso em Desenvolvimento Humano pelo Instituto de Pós-graduação e Graduação (IPOG) e de ESG pela KPMG. Mais de 15 anos de experiência em carreira corporativa: serviços jurídicos (bancos, multinacionais e CSC – Centro de Serviços Compartilhados), gestão de negócios (shopping center), docência (universidades e cursos de especialização), recursos humanos (indústria de laticínios) e educação corporativa. Seu negócio é gente! Além de simplificar as relações humanas no trabalho.

Conhece-te. Aceita-te. Supera-te.
SANTO AGOSTINHO

O autoconhecimento sempre foi muito importante. Mas atualmente passou a ser necessário, inclusive, para o crescimento profissional.

Durante um treinamento, ouvi alguém dizer a frase: "Autoconhecimento é o inglês do século XXI". E, realmente, já há alguns anos essa é uma habilidade tão indispensável quanto saber inglês.

Conhecer verdadeira e profundamente nossas competências, habilidades, vulnerabilidades, padrões de comportamentos, crenças, hábitos e aspirações facilita o processo de desenvolvimento. Identificar nossas forças e saber lidar com elas nos orienta no mundo e colabora com o processo de autoconhecimento.

O VIA Institute on Character, no início dos anos 2000, apoiou um trabalho sobre a natureza do caráter positivo. Um estudo de 55 cientistas, durante três anos, liderado por Christopher Peterson e Martin Seligman, resultou na pesquisa "Pontos fortes e virtudes do personagem: um manual e classificação". Logo depois disso, foi desenvolvido um teste para identificar, medir e avaliar as 24 forças de caráter em cada indivíduo: o VIA Inventory of Strengths é uma ferramenta on-line e gratuita com várias questões, validada cientificamente e já respondida por mais de oito milhões de pessoas no mundo inteiro.

Atualmente, existem diversas estratégias de aplicação para finalidades e contextos, como: *coaching*, liderança, gestão de equipes, orientação de carreira, terapia de casal, psicoterapia, desenvolvimento pessoal e profissional.

De acordo com Peterson e Seligman, as forças de caráter são características positivas expressas em nossos pensamentos, comportamentos e sentimentos e que contribuem significativamente para nosso crescimento. O estudo levantou vinte e quatro forças de caráter que surgiram a partir de seis virtudes universais. As forças são os componentes concretos e mensuráveis que nos levam a conquistar as virtudes.

As informações apresentadas a seguir foram retiradas da página das descrições completas que o próprio Instituto VIA disponibiliza.

Virtude – sabedoria

- **Criatividade:** sou criativo(a), consigo conceitualizar coisas úteis, tenho ideias que resultam em algo de valor.
- **Curiosidade:** procuro situações em que adquiro novas experiências, sem ficar parado ou no caminho dos outros.
- **Julgamento:** ao tomar decisões, peso todos os aspectos objetivamente, incluindo argumentos que estejam em conflito com minhas próprias convicções.
- **Amor por aprender:** sou motivado(a) a adquirir novos níveis de conhecimento ou a aprofundar minhas habilidades existentes de maneira significativa.
- **Perspectiva:** dou conselhos aos outros considerando perspectivas diferentes (e relevantes), usando minhas próprias experiências e conhecimentos.

Virtude – coragem

- **Bravura:** ajo de acordo com as minhas convicções e enfrento ameaças, desafios, dificuldades e dores, apesar das minhas dúvidas e medos.
- **Honestidade:** sou honesto(a) comigo mesmo(a) e com os outros, tento me apresentar e mostrar minhas reações com precisão, e assumo a responsabilidade por minhas ações.
- **Perseverança:** persisto em meus objetivos, apesar dos obstáculos, desânimos e decepções.
- **Entusiasmo:** me sinto vital e cheio de energia. Sinto-me motivado(a) e entusiasmado(a) para viver a vida, ainda que problemas aconteçam.

Virtude – humanidade

- **Bondade:** sou prestativo(a), empático(a) e, regularmente, faço favores aos outros, sem esperar nada em troca.
- **Amor:** tenho relacionamentos próximos e amorosos que se caracterizam por dar e receber amor, ternura e carinho.
- **Inteligência social:** sou consciente, entendo meus sentimentos e pensamentos, além dos sentimentos dos que estão ao meu entorno.

Virtude – justiça

- **Justiça:** trato todas as pessoas igualmente e de maneira justa. Ofereço a todos a mesma oportunidade e as mesmas regras.

- **Liderança:** assumo o comando e oriento grupos para metas significativas. Asseguro boas relações entre os membros da equipe.
- **Trabalho em equipe:** sou um membro de equipe solícito e prestativo. Sinto-me responsável por ajudar a equipe a atingir seus objetivos.

Virtude – temperança

- **Perdão:** perdoo as pessoas quando elas me chateiam ou me aborrecem. Uso essas informações em futuros encontros com essas pessoas.
- **Humildade:** eu sei quais são os meus pontos fortes e os meus talentos, mas sou humilde, não busco ser o centro das atenções ou receber reconhecimento.
- **Prudência:** ajo com cuidado e cautela, procurando evitar riscos desnecessários e planejar o futuro em mente.
- **Autorregulação:** administro meus sentimentos e ações, sou disciplinado(a) e autocontrolado.

Virtude – transcendência

- **Apreciação da beleza:** reconheço, sinto com emoção e aprecio a beleza ao meu redor, além das habilidades das pessoas.
- **Gratidão:** sou grato(a) por muitas coisas e expresso essa gratidão.
- **Esperança:** sou realista e otimista em relação ao futuro, acreditando nas minhas ações e me sentindo confiante de que tudo dará certo.
- **Humor:** abordo a vida de maneira divertida, fazendo as pessoas rirem e encontrando humor em momentos difíceis e estressantes.
- **Espiritualidade:** sou espiritual e acredito em um sentido de propósito ou significado em minha vida; vejo meu lugar no grande esquema do universo e encontro significado na vida cotidiana.

Na classificação das forças, há uma hierarquia – do conceito maior para o menor. O teste classifica, em ordem de desenvolvimento, de 1 até 24. Segundo Peterson, o caráter do indivíduo é plural. Isso significa que as pessoas têm muitas forças de caráter e são expressas em combinações, tendo cada pessoa um perfil único de forças.

É importante esclarecer, para melhor compreensão do estudo, o que as forças de caráter não são. Elas não são: talentos, habilidades, interesses, recursos e valores. Estes são outros tipos de forças dos seres humanos. Em resumo, podemos dizer que talento é o que fazemos bem naturalmente, habilidade é o que treinamos para fazer, o interesse representa nossas paixões, os recursos são nossos apoios externos e os valores significam o que apreciamos internamente.

Os talentos podem ser desperdiçados, recursos podem ser perdidos, interesses mudam, habilidades diminuem com o tempo, mas as forças de caráter permanecem. Ao focar nas forças, elas podem evoluir e se integrar a outras qualidades positivas.

Os pesquisadores classificaram as forças de caráter em subgrupos:

- **Forças de assinatura:** são as forças iniciais (normalmente, as cinco primeiras). São as que captam melhor nossa essência.
- **Forças da felicidade:** são as forças relacionadas à satisfação com a vida, como: entusiasmo, esperança, amor, gratidão e curiosidade.
- **Forças mais baixas:** são as forças pouco desenvolvidas, não reconhecidas, menos valorizadas ou menos utilizadas (normalmente, de quatro a sete das últimas).
- **Forças fásicas:** são as que surgem em ocasiões específicas, dependendo da circunstância.
- **Forças médias:** são as que apoiam ou melhoram a utilização das forças de assinatura (aparecem no meio do perfil).
- **Forças perdidas:** são as que ficaram adormecidas por um período ou foram comprometidas pela consciência e pela utilização.

Utilizar as forças de assinatura pode proporcionar senso de autenticidade, entusiasmo, rápida curva de aprendizagem, revigoramento, criação e busca de projetos pessoais e sensação de *flow* (fluidez).

O conceito de *flow* foi desenvolvido pelo psicólogo Mihaly Csikszentmihalyi, cofundador do movimento conhecido como Psicologia Positiva, e significa que a pessoa está tão envolvida em uma atividade que se torna capaz de esquecer do tempo, da fome, do ambiente e até dos ruídos ao seu redor. É o engajamento total com a ação, denominado como experiência de fluxo.

É importante ressaltar que as forças de caráter podem ser desenvolvidas. Aristóteles já dizia: "Somos o que fazemos repetidamente". E sim! Podemos fazer das virtudes e das forças uma prática. Fazer da prática uma rotina é um caminho para o desenvolvimento das forças.

Uma maneira de construir o autoconhecimento é aprender a nomear as forças de caráter no momento da utilização. Ou seja, identificá-las e rotulá-las. Isso requer prática, mas pode ser conduzido. Por exemplo, ao ajudar um desconhecido, é possível identificar a força da bondade. Ao se pesquisar profundamente um assunto, é possível identificar a força da curiosidade. Ao se agradecer pelo trabalho, é possível identificar a força da gratidão.

Tendo clareza de uma grande força desenvolvida, devemos nos empenhar em usar com mais frequência no dia a dia. E logo perceberemos os resultados positivos da utilização.

As nossas forças mais altas são a nossa marca e representam a nossa singularidade. Seremos naturalmente reconhecidos por isso. E, provavelmente, as desempenhamos melhor do que a maioria das pessoas. Utilizar nossos pontos fortes nos leva a atingir nosso melhor desempenho.

De acordo com pesquisas do instituto VIA, quando a liderança de uma organização não foca nas forças do indivíduo, as chances de o colaborador estar engajado são de 9%. E quando a liderança foca nas forças altas, essas chances aumentam para 73%.

Pesquisas com grupos depressivos demonstraram que o grupo que focou nas forças mais altas teve melhoras mais duradouras. A intervenção "utilizando uma força de assinatura de uma nova maneira a cada dia" recebeu boa evidência por aumentar a felicidade e diminuir a depressão. Mas não podemos desconsiderar as nossas forças mais baixas, que podem ser vistas como nossas fraquezas. Essas forças provavelmente não serão nossos pontos fortes, mas precisamos manter o alerta para que não interfiram negativamente em nosso desempenho. Não existem forças melhores ou piores. Todas representam caminhos para as virtudes universais e são igualmente importantes. Porém, as forças podem ser superutilizadas ou subutilizadas. Vamos utilizar a humildade como exemplo: excessivamente, pode causar autodepreciação, quando insuficiente, pode gerar arrogância. É importante encontrar um ponto de equilíbrio na utilização das forças. Além disso, as forças de caráter não são determinadas uma única vez de maneira definitiva. Conforme pesquisas científicas, elas estão sujeitas a mudanças, dependendo da evolução do indivíduo e/ou das circunstâncias da vida. Podemos usar a experiência da maternidade como exemplo. Muitas mães desenvolvem as seguintes forças em razão dos desafios dessa fase: bravura e prudência.

Investir nas nossas forças altas significa ampliar nossos diferenciais. E, com isso, atingir melhores resultados. Devemos focá-las, para nos diferenciar e desenvolver cada vez mais.

Investir nas nossas forças mais baixas significa reduzir nossas limitações e, consequentemente, alcançar transformação. Podemos trabalhar nelas, para reduzir o impacto negativo.

Lembro a você que o teste das forças de caráter está disponível gratuitamente no site www.viacharacter.org – é só preencher um cadastro para ter acesso. Ao final do questionário, será gerado um relatório indicando a ordem das suas forças com um breve resumo de cada uma.

Agora você já conhece um caminho para descobrir as suas forças. Reflita sobre o que pode ampliar ou reduzir, para atingir seus objetivos. Desejo excelentes resultados, de acordo com o que considerar sucesso para sua vida.

Referências

COTRIM, F. *Descubra seus pontos fortes: 2 métodos absolutos.* Disponível em: <https://felipecotrim.com.br/pontos-fortes-e-fracos/>. Acesso em: 22 jan. de 2023.

NIEMIEC, R. M. *Intervenções com forças de caráter – um guia de campo para praticantes.* 2. ed. São Paulo: Editora Vida Integral, 2019.

SELIGMAN, M. *Authentic Happiness: Using the New Positive Psychology to Realize Your Potential for Lasting Fulfilment.* Atria Paperback, 2002.

VIA Institute on Character (2022). Disponível em: <https://www.viacharacter.org/character-strengths> Acesso em: 22 jan. de 2023.

VIA Survey of Character Strengths (2022). Disponível em: <https://www.viacharacter.org/account/register>. Acesso em: 22 jan. de 2023.

14

QUEBRAR VELHOS PADRÕES EXISTENCIAIS PARA CONSTRUIR NOVAS EXPERIÊNCIAS

Este capítulo vai proporcionar aos leitores uma reflexão sobre como começar a ser disruptivo em sua vida e como montar sua equação da arte de viver, respeitando sua história e construindo novos modelos de se ver o mundo.

KATIA CARVALHO

Katia Carvalho

Contatos
LinkedIn: bit.ly/3E1r63R
Instagram: @katia.carvalho.121

Contadora graduada pela FMU (1993), com pós-graduação em Finanças, Controladoria e Auditoria (FGV), e formação complementar em Administração de Empresas (PUC-SP). Mentora certificada pelo CLI (Creative Learning Institute), Consultora de imagem certificada pelas Faculdades Belas Artes. Desenvolveu sua carreira executiva ao longo de 30 anos nas áreas de Finanças, Controladoria e Recursos Humanos, em empresas de diversos segmentos. Praticante de *Lilfelong Learning*, esteve no Vale do Silício, Missão RH, pela StartSe, buscando conhecimentos em outros ambientes, com foco em desenvolvimento humano e aprendizagem organizacional.

Condicionamento. Ser igual. Fazer igual

Todos nós, ao longo da vida, desde a infância recebemos informações e somos orientados por nossos pais, avós, tios, irmãos, primos e outros.

Essas pessoas passaram por nossas vidas deixando um pouco delas em nós: suas experiências de vida, seus aprendizados e suas compreensões. Essa dinâmica se torna repetitiva, quase um círculo vicioso, e certamente as circunstâncias farão que façamos tudo igual, quase no modo automático. E então vivemos o mundo com essa estrutura, que nem sempre nos é favorável, pois estamos muitas das vezes vivenciando aquilo que nenhum de nossos familiares vivenciou; e tudo o que foi ensinado de repente não servirá em sua plenitude para enfrentar os desafios ou os chamamentos da vida, pois talvez essas pessoas não tenham vivenciado a(s) experiência(s) que está(ão) à nossa frente.

Está tudo bem em relação a isso. O que temos que compreender é que cada um tem sua vida e seu caminho, e as questões têm outro sabor, outra cor, outra temperatura, um peso ou leveza, de acordo com os caminhos que trilhamos.

Demoramos um pouco a entender isso, pois nunca temos consciência de nós mesmos. Só o percebemos quando surgem os conflitos, as inseguranças, os medos, sem falar das perguntas sem respostas.

Tudo, qualquer movimentação que façamos em nossas vidas, dependerá de nós, da forma como a encaramos.

Não se pode criar nada, inovar, sem antes nós mesmos nos transformarmos e assumirmos os riscos de qualquer caminho que viermos a tomar.

Liberdade de ser você – honre sua singularidade

O importante não é viver, mas viver bem.
ARISTÓTELES

Ser singular é ter a visão da pluralidade de existir, é a maneira como vivemos no mundo com nossa essência individual, nosso jeito de fazer, com nossas qualidades e características. Estamos no mesmo mundo, mas somos diferentes dentro dele; fazemos parte do coletivo individual.

Viver o único em nós por meio de nós mesmos é o poder transformacional de novas vidas e certamente impactará o mundo, as pessoas. Pode parecer clichê, mas o homem saberá mais do mundo se revelar mais de si mesmo.

Segundo a concepção de liberdade, para o filósofo Aristóteles, é livre aquele que tem em si mesmo o princípio para agir ou não agir, isto é, aquele que é causa interna de sua ação ou da decisão de não agir.

Quando nos apropriamos de nós e acreditamos em nosso potencial, mesmo sabendo de nossas fraquezas, o resultado é nossa autoconfiança e outras autonomias, força essa que nos impulsa a seguir em frente.

O poder de transformar algo ruim em algo bom é inerente aos humanos dotados da capacidade de moldar seu pensamento e atitudes. A qualidade do modo como trilhamos nossos caminhos e a forma de se encarar a vida faz toda a diferença em nossa jornada e nossas experiências. O processo é o mais importante, e não o resultado; e é por isso que nos frustramos na maioria das vezes.

Ficamos tão presos aos resultados e esquecemos de viver certo momento: aquilo que estamos realmente vivendo, o tempo presente.

O modo como respondemos às circunstâncias da vida, o quanto estamos dispostos a aprender e desaprender é o que comporá nossa equação vivencial.

Só podemos ir em frente quanto mais avançamos em conhecimento e acompanhamos a evolução do mundo, não dá para fazer as mesmas coisas do passado.

Ser singular, acredito, é o essencial para se viver no mundo disruptivo e impermanente.

O mundo está cada vez mais inconstante e o modo como reagimos é o que vai nos trazer o equilíbrio para lidarmos com ele.

Síndrome de Gabriela: "Eu cresci assim, eu nasci assim."

Talvez muitos dos leitores não tiveram a oportunidade de ouvir a música de Dorival Caymmi cuja letra refere-se à aclamada obra de Jorge Amado, *Gabriela Cravo e Canela*, publicada em 1958.

Longe de avaliar a obra literária – o que não é nosso objetivo, mas sim trazer para a reflexão a tal síndrome da Gabriela –, o que queremos apontar aqui é a inflexibilidade de como olhamos o mundo, a reação às mudanças: é disso que se trata.

O "eu nasci assim" representa a maioria das pessoas que não veem oportunidade em nada, que estão na famosa zona de conforto.

É o acomodar, é a análise sem senso crítico, é ficar com a primeira ideia sem se dar ao menos a oportunidade de ver outras possibilidades, montar outras equações.

Quem já não fez isso?!

Nós somos os únicos responsáveis por nós mesmos, temos o poder de nos destruir ou de construir algo, de nos moldar.

A mudança de mentalidade diante dos fatos que nos acometem é a bússola que indicará a direção do nosso território mental. De acordo com Carol S. Dweck, autora do livro *Mindset*, existem dois tipos de *mindset*: o de crescimento e o fixo.

Quando focamos mais nos aspectos negativos das experiências ou na forma de como se faz, novas perspectivas ficam distantes, e parece que nos congelamos e ficamos com receio de arriscar de novo.

O caminho para romper essa oposição interior é a aceitação de si e o acolhimento de tudo o que nos acontece, principalmente os obstáculos; nada pode ser descartado na nossa história de vida.

Debaixo do nariz – faça o óbvio

Não podemos prever o futuro, mas podemos criá-lo.
PETER DRUCKER

Saber observar é uma das qualidades para a concepção de processo criativo e de mudanças. Muitos fazem por fazer, e quando agem assim, não é óbvio.

Diria que observar é uma arte, como a prática do silêncio também. Essas ações revelam demasiadamente muita informação.

No livro de Jay Samit, *Seja disruptivo!*, conta-se que um homem criou acessórios de computador, como capa e *mouse pad*, a partir do momento em que começou a observar a necessidade dos proprietários de computadores. Esse exemplo mostra que, na maioria das vezes, a criação vem a partir de algo maior já criado, ou seja, temos a ideia-mãe e dessa ideia pode-se expandir para várias outras ideias.

Não precisamos ficar amarrados e estáticos, pensando: "Nossa, eu nunca terei essa ideia de criar algo".

Todos somos dotados de capacidade. Isso pode ser melhorado a partir do momento em que começarmos a mudar nossa forma de pensar e nos conscientizamos de que temos condições e podemos treinar e mudar nossa maneira de encarar as coisas que acontecem conosco.

Às vezes é mais simples do que parece. Faça o óbvio!

Assumir o comando. Escolher

O processo de decisão é algo muito desafiador em nossas vidas. Se tivéssemos uma bola de cristal, tudo seria melhor, mas não é assim.

As escolhas e não escolhas fazem parte do processo de decisão. Ser honesto conosco mesmos é assumir o comando do barco de nossa vivência.

Se não tem consciência, nem adianta começar.

Eu sempre me lembro de um professor que tive na época da faculdade, que provocou a sala de aula com a seguinte pergunta: "Quem é medíocre?"

Na hora, o pessoal ficou atônito, pois muitos acharam que era uma ofensa. Várias perguntas em seguida foram lançadas:

— Quem quer comprar um carro bom?

— Quem quer ter o mesmo sucesso que o Michael Jackson?

— Quem quer se casar?

Muitos levantaram a mão nas perguntas mais comuns: casar-se e ter um carro, mas ninguém queria ter sucesso ou algo fora daquilo.

O que nós naquela época entendemos do professor, qual foi a mensagem que ele queria passar?

Na hora não associei a nada, mas aquilo ficou em minha mente até hoje e agora entendo perfeitamente o que ele realmente quis deixar para os alunos.

Entendo que as reflexões que ele proporcionou na sala de aula deveriam ir no sentido de que não fôssemos medíocres em nossas vidas, principalmente nas coisas que importam e gostamos. Deveríamos ir além, com mais fome, sermos medianos em nossas vidas não valeria a pena.

Movimento, novas experiências

"Não coloque limites onde não tem limites."

Muitos acreditam que ser disruptivo tem a ver com criar algo inédito, nunca pensado, ou simplesmente relacionado à tecnologia, como aplicativos, programas, computadores e *smartphones* nos dias de hoje, e se frustram logo de início por julgarem que não são aptos a criar ou desenvolver algo que possa fazer a diferença.

Se nos apoiarmos na historicidade da evolução do mundo em relação a mudanças tecnológicas, iremos constatar muita inovação e disrupção em quase tudo, "sempre", mas o ponto-chave aqui é como as situações se movimentam e a rapidez com que se materializam, mudando a realidade do mundo e a interação com todos os tipos de indústrias.

Caro leitor, não é somente isso ou tampouco ter uma ideia mirabolante e "kabum!". O processo de criação ou empreender vem também da nossa percepção, nossa observação a partir de um contexto e suas rotinas.

A ambição por ter um emprego melhor: abrir um negócio, ser alguém melhor (nova versão de si mesmo), tudo isso também é ser disruptivo.

A transformação pessoal é parte da ruptura que deverá ser feita para romper barreiras no modo de pensar e encarar novas possibilidades, percebendo assim que, na maioria das vezes, problemas não são realmente problemas.

O modo de encarar as situações é o ponto crucial para experimentar ou propor novas soluções.

As experiências nos permitem, acima de tudo, nos conhecermos e testarmos nossa capacidade, o que temos de bom e o que temos que melhorar.

Diversos autores já escreveram muito a esse respeito: o homem é o resultado dele mesmo no mundo.

Fracasso, medo do não – esse pode ser o caminho.

Quem disse que o fracasso, a vulnerabilidade e o medo de errar não são algo inerente ao ser humano? E isto é socialmente visto de maneira extremamente negativa.

A derrota para alguns representa perda, humilhação, falta de inteligência. Mas você já parou para pensar que o erro é a parte do processo de inovar ou fazer algo novo?

O fato de fracassar não pode definir uma pessoa, é uma circunstância que tem que ser encarada como forma de se melhorar, não se pode fazer que isso represente uma pessoa.

O que tememos tanto? Por que queremos sempre parecer ser inabaláveis, super-heróis? A vergonha faz parte do processo, se colocarmos na cabeça que somos humanos e que isso é inato a cada um.

Como vamos criar e acertar de cara na primeira tentativa? Conheço várias histórias de pessoas que colocaram tudo a perder em prol de um experimento ou criação.

Podemos citar inúmeros exemplos, como a história do brasileiro Geraldo Rufino, empresário brasileiro, que quebrou seis vezes, a última em 2003, depois de um investimento malsucedido, mas nunca levou esses episódios como algo desesperador.

Dentro do processo de viver, tudo deve ser levado para a fórmula da arte de se viver. Nessa equação de nossa experiência vivencial, todos os itens fazem parte, e aí é que se tem o resultado: e isso tudo deve ser analisado, nada pode ser descartado, pois estamos falando de nossas vidas. Esse modelo de que tudo tem que ser perfeito não existe, a perfeição não pode ser algo a ser seguido por nós.

A ideia do tudo perfeito é muito cara para nós, e quando inserimos isso na nossa equação vivencial, se torna algo que nos afastará mais de quem somos realmente.

A busca frenética de não sermos bons o suficiente compromete tudo aquilo que está a nossa volta.

Cada um de nós tem os juízes interiores, esses julgadores de nossas ações, nossas atitudes. Damos muito poder a eles, deixamos que validem todas as nossas ações. Isso não é ruim! Devemos sim ter nosso diálogo interior, mas tem que ser justo. A tendência é sempre nos puxarmos para baixo.

Proponho que você faça o exercício a seguir quando estiver sentindo medo ou falta de clareza para seguir em frente.

Técnica do banco: convidando seus medos a sentar-se com você

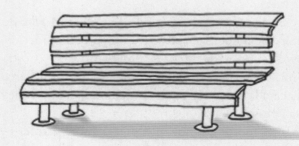

1. Em um lugar tranquilo, reserve um momento para si e se imagine sentando-se em uma praça, ou se dirija a algum local de sua casa em que você gosta de ficar e que lhe traga paz.
2. Feche os olhos por alguns instantes e comece a deixar virem os pensamentos que o afligem.

3. Abra os olhos e comece a perguntar para si mesmo o que o paralisa e impede de avançar.
4. Nomine essas sensações e convide-as para sentarem-se ao seu lado.
5. Focalize as sensações mais difíceis de se encarar, as que considera mais resistentes.
6. Feche os olhos e inicie as tratativas com elas: o que querem dizer, o que você não sabe sobre elas, se são suas ou dos outros... Enfim vá qualificando todas elas.
7. Após esse diálogo, você trará à consciência o fato de que o que está dentro de sua mente ainda nem aconteceu.

O objetivo desse exercício é você perceber que o medo, as aflições fazem parte de você e que não pode dissociá-las, não pode separá-las, são parte integrante de você. Quando você convida seus medos a ficarem consigo, está reconhecendo a unidade que é você.

Referências

ALLEN, J. *O homem é aquilo que ele pensa*. São Paulo: Pensamento, 1999.

DWECK, C. S. *Mindset – a nova psicologia do sucesso*. Rio de Janeiro: Objetiva, 2006, p. 14.

SAMIT, J. *Seja disruptivo!* Rio de Janeiro: Alta Books, 2018, p. 18.

15

O OLHAR DO VISIONÁRIO

Neste capítulo, veremos alguns dos fatores que podem influenciar a percepção do visionário, as influências externas positivas e negativas e seu dever de líder de servir a empresa em prol do seu bem comum, mostrando um pouco da mente de alguns empreendedores famosos e como alguns deles são semelhantes a lobos alfa.

LUCAS PEIXOTO DANTAS

Lucas Peixoto Dantas

Contatos
lucaspxmc860@gmail.com
Twitter: @luxpeixoto
Instagram: lucaspx860
83 99950 9806

Escritor de ficção e de literatura fantástica como *Ana e os Piratas do Novo Mundo*. Estudou no tradicional Lyceu Paraibano e é bacharel em Direito pela Faculdade Paraibana. Atualmente, é um jovem pecuarista, escritor, compositor, entusiasta das indústrias automotiva e aeronáutica, e conserva uma leve aspiração às indústrias bélica e de bebidas; também sonha em construir uma *holding*.

> *As demandas da competição, que são uma consequência normal da liberdade e engenhosidade humana, não podem, entretanto, ser as normas finais da vida econômica.*
> PAPA PIO XII

Não são apenas os traços refinados e a técnica. Um bom artista prende a essência em uma obra de tal forma que podemos viajar em pensamentos sem ao menos sair do lugar. Assim como um artista é o empreendedor visionário: ele nunca vende um produto, ele vende uma solução, um sonho ou um sentimento.

Para ficar claro o parágrafo anterior, eu afirmo: nunca vi uma boa pizzaria vender pizza. Geralmente, além do produto de qualidade, o carro-chefe é simplesmente o sentimento, pois uma pizzaria vende o afeto para o público familiar; para o público jovem, vende a alegria; para o público infantil, fica com a surpresa, carinhosamente chamada de "magia". Pode parecer bobagem, mas, independentemente do mercado em que o visionário esteja instalado, ele tem um olhar peculiarmente aguçado para observar estas coisas e, claro, extrair lucro disso.

Existem muitos exemplos de empreendedores assim e é muito importante estudar a biografia de pessoas como Steve Jobs, Henry Ford, J. P. Morgan, Soichiro Honda, Shōzō Kawasaki, Kiichiro Toyoda, Francesco Matarazzo e Bertha Benz, entre outros.

Cada uma dessas pessoas sofre e prevaleceu sobre as dificuldades pessoais e de suas épocas, com seu olhar, com seu trabalho e principalmente com o maior recurso que existe para mover qualquer empreendimento: as pessoas honestas que cruzaram seus caminhos.

Acredito que algumas pessoas ficarão espantadas ao ler que o maior recurso não é o dinheiro, e sim as pessoas honestas que cruzam seu caminho. Pode parecer bobagem, mas a realidade é que esses grandes empreendedores, em sua maioria, precisaram cruzar com alguma pessoa honesta que, pelo menos, lhes indicasse um norte – ou o Brasil, no caso de Matarazzo.

Obviamente, não é apenas da cereja que é feito o bolo, alguns tiveram de enfrentar crises horríveis, guerras, concorrência desleal. É claro que uma das maiores ferramentas do fracasso são exatamente as pessoas desonestas que atravessam sua vida.

Em nossas vidas, é comum certa competitividade, e até certo ponto ela é muito saudável. Infelizmente, também eu pude observar na vida que muitas pessoas perdem suas esperanças por cruzarem com gente desonesta, e muitas acabam se desesperando.

Tratando de uma das ferramentas para o fracasso, é necessário observar tais pessoas desonestas ao seu redor, para que um desespero desnecessário não acabe por fragilizá-lo e atrapalhe seus negócios. Por isso, independentemente de ser uma pessoa próxima ou não, é necessário saber colocar muitas delas em seus devidos lugares, sem medo de ser inacessível, mas é claro que sempre mantendo uma sensibilidade.

Nem sempre o desonesto é um estelionatário, um concorrente ladrão de ideias ou um fornecedor que prejudica seu produto final com um componente de baixa qualidade. Lembre-se de que o segredo do sucesso por trás de qualquer negócio é a mente do empreendedor, e ela deve ser cuidada com zelo. Isso significa que é necessário cuidar da família e de seus ciclos de amizades. Por isso, sempre perceba o menor ataque; afinal, o pior mentiroso é aquele que é da família ou pensa ser, pois infelizmente suas palavras, mesmo as mentirosas, têm mais crédito ao ouvinte. E claro que o menor ataque pode ser um indício para inveja ou medo. Por exemplo:

— Não compre este extrato de tomate, é feito com pelo de rato.

— E como você sabe? – pergunta o consumidor assustado.

— Sou a tia/sou amigo do dono – responde o(a) difamador(a).

Parece uma situação irrelevante para grandes empresas, mas talvez seja um golpe de misericórdia para uma empresa pequena ou alguém que é novo no mercado. É lógico que muitas vezes essas mentiras não têm a intenção de manchar a empresa, e sim apenas a reputação do dono; e lógico que o dono é a pessoa e a mente que move o negócio, e por isso deve ter sua mente zelada e livre de certas influências que possam prejudicar suas tomadas de decisões.

Diversas pessoas sofrem muito o impacto de cruzar com esse tipo de gente e infelizmente nem sempre o percebem. Às vezes, o que você precisa é aprender a olhar por cima do muro, aprender a acreditar em si mesmo e cultivar seus sonhos – trabalhando mesmo que a passos lentos, mas aspirando a voar tão alto quanto uma águia, isto é, enxergar as possibilidades e adquirir o olhar de um lobo.

Lembre-se, e lembre-se bem, de que muita gente quer ser grande em cima do sofrimento dos outros, e você nunca deve dar ouvidos a essa gente.

E mesmo que lhe venham na vida alguns fracassos, seja aquele que planta um pé de laranjeira: se você vai fazer um suco ou um refrigerante com as laranjas no futuro, a decisão é sua, planeje seu futuro e construa a ponte para seu sucesso.

Obviamente, a vida não é um mar de lamúrias e, assim como é imprescindível colocar as pessoas desonestas em seus lugares, também é crucial manter as pessoas honestas por perto, independentemente de serem familiares ou colaboradores. Incrivelmente, no capítulo X de *A arte da guerra*, Sun Tzu escreve: "Digo que deves amar todos os que estão sob teu comando como se fossem teus filhos" (TZU, 1772/2006, p. 60).

É necessário amar todas as pessoas honestas que cruzam seu caminho, pois cada uma é um pequeno tesouro. É necessário compreender que o sucesso nem é questão de apenas esforço ou apenas sonho, é um pouco de cada e depende principalmente de você e das pessoas que acreditam em seus sonhos, que valorizam seu esforço. Compreenda que pensar em suas melhoras, em construir algo maior do que é possível hoje não é um delírio, uma viagem ou uma alucinação, é simplesmente possível.

Lobo alfa

Há para muitos uma história linear, sem barreiras, sem obstáculos, sem gente desonesta e, incrivelmente, com o segredo fantasioso de facilidades e de um milagroso manual para o sucesso! É claro que isso é uma baboseira.

Muitos têm sucesso, é verdade, mas não são visionários; muitos são visionários, mas não são estoicos nem resilientes. Quando citei os visionários no início deste capítulo, foi justamente pela virtude em comum de todos eles, o estoicismo. Não se preocupe com essa palavra: ela significa ser firme, inabalável e austero.

A realidade, principalmente em época de crise, é que haverá dia em que tudo estará bem e demonstrará ser positivo, e em alguns dias parecerá que você regrediu vinte anos. É como se a expressão popular "um dia é da caça, outro, do caçador" se personificasse entre vitórias e fracassos. E o quem somos nesse tacho? O caçador? A caça? Somos ambos: somos caçadores e somos caça. Dessa forma, nesse jogo de caçar e ser caçado, de fracassar e prevalecer sobre o inimigo, é que chegamos à conclusão que de certa forma as coisas funcionam como uma alcateia de lobos.

É comum na cultura popular construir uma ideia fantasiosa ou até mesmo análoga a uma realidade reservada a um grupo ou comportamento. Porém, discretamente da visão utópica – e muito longe do significado do lobo bíblico e do lobo folclórico –, o lobo alfa real é um exemplo de liderança, estruturado dentro de uma alcateia hierarquicamente definida e com uma perspicácia de deixar qualquer pessoa boquiaberta.

Em 1999, o biólogo L. David Mech escreveu um artigo sobre o *status* do lobo alfa, a divisão de trabalho dentro da alcateia etc. O incrível é que ele chegou à conclusão de que, diferentemente do lobo folclórico e do pensamento tendencioso de que os lobos vivem em brigas internas, ele comprovou um comportamento bem mais empolgante ao observar os lobos da Ilha Ellesmere, no Canadá.

O lobo alfa é o patriarca da família e, diferentemente do conceito dominante sobre o chefe, está mais para um líder que, junto com os outros pais adultos, orienta as atividades do grupo, em um sistema de divisão de trabalhos, com uma participação ativa das fêmeas, principalmente em atividades como cuidados e defesa dos filhotes, enquanto os machos ficam com a responsabilidade de procurar e fornecer alimentos, além de planejar as incursões relacionadas a isso.

Nas alcateias, a hierarquia é composta por alfa, beta e ômega. Nada muito diferente de uma empresa, na qual temos o presidente (CEO), executivos (CFO, CMO, CAE etc.) e os demais colaboradores.

Obviamente, além da divisão dos trabalhos, da construção de planos e logísticas, de sua comunicação eficaz, do compartilhamento de liderança entre os membros do grupo em um sistema de divisão de trabalhos sofisticado e eficaz no qual atua a visão do líder, para a construção de uma equipe eficiente no mínimo existem três fatores-chave: o talento dos membros, a visão do alfa e o modo como eles lidam com os recursos. Isso faz o líder parecer de certa forma com muitos dos grandes empreendedores que já vimos e vemos pelo mercado, entre eles o clássico John D. Rockefeller, o inovador Steve Jobs e o arrojado Ferruccio Lamborghini.

Conclusão

Assim como o lobo alfa e sua responsabilidade dentro da alcateia, pessoas como Steve Jobs e Ferruccio Lamborghini tinham um olhar meticuloso para detalhes, para soluções e principalmente para a questão do trabalho e sua relação com a equipe, que é um verdadeiro diferencial.

Acho incrível a impressão passada pelos produtos desenvolvidos por ambos. São de mercados diferentes, e mesmo assim demonstram as semelhanças entre as mentes que estão por trás do desenvolvimento de seus produtos: o perfeccionismo milimétrico em sua estética e o *design* apontam para o mesmo norte.

Algo realmente incrível é o Lamborghini Miura. Como é fácil encontrar fotos e livros que mostram claramente Ferruccio Lamborghini em uma abordagem direta com mecânicos, engenheiros e demais funcionários! Ele não estava simplesmente em um escritório mandando os outros fazerem aquilo ou aquilo outro, ele estava na fábrica botando a mão na massa e delegando apenas o necessário. Steve Jobs era bem parecido com ele nesse ponto.

É lógico que a construção, o desenvolvimento e marketing de um produto dependem de uma equipe, e quando se tem as pessoas certas e visão de mercado, se compreendem certos aspectos que muitas vezes os próprios concorrentes não compreendem. Às vezes, a questão é situacional, outras vezes, é da postura dos seus líderes.

Como Lamborghini e Jobs são de mercados diferentes, farei uma pequena observação entre ele, Henry Ford II e Carroll Shelby. Afinal, quem é um pouco familiarizado com a indústria automotiva sabe exatamente o que o Lamborghini Miura e o Ford GT40 tinham em comum: eles venceram a Ferrari na mesma década e de modo diferente, mas praticamente com mesma motivação.

Qual é a motivação que o move? É importante saber: é um sonho? Sua família? Seus filhos? Ou quem sabe colonizar Marte...

Independentemente do que seja sua motivação, é necessário construir uma equipe, pois ela é essencial para seus negócios. Acredito em cada palavra de Angelika Fretzen quando ela disse: "Para mim, o empreendedorismo é construir equipes". Assim, olhar além, ser visionário, é enfrentar dificuldades, muitas vezes fracassar e tantas vezes quanto for necessário se levantar. Na maioria das vezes, irá cruzar com gente de visão curta, do tipo que chamou Isambard Kingdom Brunel de louco por propor a construção do navio a vapor *Great Eastern*, em uma época dominada pela vela.

Enquanto Brunel era um "louco", Steve Jobs era considerado um "terrorista" por muitos da Apple. Em 1985, veio o golpe de misericórdia: ele foi demitido da própria empresa; logo em seguida, colocou uma grande quantia de dólares no bolso com suas empresas, a Next e a Pixar, e obviamente em sua volta magistral com o iPhone em 2007.

O que aprendemos com eles? Acredito que, mesmo que se você tenha iniciado agora ou já esteja no mercado há anos, é fundamental que todos os seus colaboradores conheçam sua motivação, que você mantenha sua equipe enraizada em um objetivo.

Como um bom líder, também é necessário estar próximo dos projetos e das atividades diárias, estar conectado com seus colaboradores e clientes. Evite delegar funções que você pode fazer. Seja o responsável por manter todos os funcionários envolvidos e inspirados.

Reconhecer cada tesouro que todo santo dia entra para ganhar o pão em sua empresa, estar presente no crescimento e no desenvolvimento do seu negócio: isto não é apenas inovar, é construir um futuro juntos.

Referências

BLANCATO, V. S. *Scelta di discorsi e intervista del conte Francesco Matarazzo*. São Paulo, 1926.

BRADLEY, M. *Lamborghini: Cars*. Tarrytown: Benchmark Books, 2009.

BROWNELL, L. *The key to successful entrepreneurship in the life sciences. Wyss Institute, 2019*. Disponível em: <https://wyss.harvard.edu/news/the-key-to-successful-entrepreneurship-in-the-life-sciences/>. Acesso em: 4 dez. de 2020.

EDDY, P.; POTTER, E.; PAGE, B. *Destination disaster: from the tri-motor to the DC-10 – the risk of flying*. Nova Iorque: Quadrangle/New York Times Book Co., 1976.

EDERER, R. J. *Pope Pius XII on the economic order: catholic social thought*. Toronto: Scarecrow Press 2011. p. 138-142.

FORD vs. Ferrari. Direção James Mangold. Estados Unidos: 20th Century Studios, 2019. 1 DVD.

IMBIMBO, A. *Steve Jobs: the brilliant mind behind Apple*. Nova Iorque: Gareth Stevens Publishing, 2009.

KASSIM, N. Steve Jobs's revolutionary leadership style and what we can learn from it. *ideadrop.co*, 2020. Disponível em: <https://ideadrop.co/cus-

tomer-success/steve-jobs-leadership-style-what-we-can-learn>. Acesso em: 16 dez. de 2020.

MECH, L. D. Alpha status, dominance, and division of labor in wolf packs. *Rev. Canadian Journal of Zoology*, v. 77, n 8, 01 nov. de 1999, p. 1.197-1.202. Disponível em: <https://doi.org/10.1139/z99-099>. Acesso em: dez. de 2022.

MINADEO, R.; CARDOSO, R. Apple: ruim com Steve Jobs – mas impossível sem ele. In: *II Encontro de Pós-Graduação em História Econômica*, 2, 2004, Niterói. Anais eletrônicos... Niterói: UFF/ABPHE, 2004. Disponível em: <https://www.researchgate.net/publication/316439152_APPLE_RUIM_COM_STEVE_JOBS_-_MAS_IMPOSSIVEL_SEM_ELE>. Acesso em: 23 jan. de 2020.

NEVINS, A.; HILL, F. E. *Ford: the times, the man, the company.* Nova York: Scribner, 1954.

SACKEY, J. *The Lamborghini Miura bible.* Dorchester: Veloce Publishing, 2008.

TZU, S. *A arte da guerra.* Porto Alegre: L&PM, 2006.

16

UMA NOVA VISÃO SOBRE A GESTÃO E O PAPEL DA LIDERANÇA HUMANIZADA EM BUSCA DE RESULTADOS EXTRAORDINÁRIOS

O que trouxe você até aqui não necessariamente o levará daqui para a frente.
LUCEDILE ANTUNES

Neste capítulo, compartilho *insights* e provocações que são parte dos programas de mentoria e consultoria conduzidos por mim em organizações que procuram reinventar sua gestão. Desejo que esses saberes inspirem você e sua empresa a aprimorarem a gestão em busca de uma operação mais leve e eficiente, trazendo como consequência melhores resultados, sempre tendo como fator principal as pessoas.

LUCEDILE ANTUNES

Lucedile Antunes

Contatos
www.lantunesconsultoria.com.br
lucedile@lantunesconsultoria.com.br
Linkedin: linkedin.com/in/lucedile-antunes/
Instagram: @lucedileantunes
11 98424 9669

Uma das referências no Brasil no desenvolvimento de *soft skills*, é palestrante e fundadora da L. Antunes Consultoria & Coaching, idealizada com a missão de transformar pessoas e empresas, visando potencializar os resultados pessoais e profissionais. Apaixonada pela evolução das pessoas, já impactou centenas de líderes e colaboradores com seus trabalhos de desenvolvimento humano. Mãe da Julia e do Raphael, é mentora e *coach* reconhecida internacionalmente pela ICF – International Coach Federation. Autora de diversos livros e artigos sobre desenvolvimento humano e organizacional. Idealizadora dos livros *Soft Skills: competências essenciais para os novos tempos* e *Soft Skills vol. 2: habilidades do futuro para o profissional do agora*, publicados pela Literare Books Internacional, eleitos em 2020 e 2021 best-sellers pela revista *Veja*; e do mais recente lançamento *Soft Skills Kids,* que aborda as habilidades comportamentais nas crianças para termos adultos mais bem-sucedidos.

> *O analfabeto do século 21 não será aquele que não consegue ler e escrever, mas, sim, aquele que não consegue aprender a desaprender para reaprender!*
> ALVIM TOFLER

Inicio este capítulo com essa frase provocativa que me inspira diariamente a buscar o aprendizado contínuo e minha evolução pessoal e profissional, me convidando constantemente a me desapegar de algo que já sei, para me abrir para o NOVO. Isso significa se reinventar, se adaptar, evoluir e transformar.

Cada vez mais, os profissionais serão valorizados pelas transformações que geraram por onde passaram e pelo seu legado.

Reinvenção! Em *Soft Skills: competências essenciais para os novos tempos*, dedico um capítulo à importância de nos reinventarmos.

Uma realidade mapeada

Em mais de 20 anos atuando como mentora, conheci e avaliei a gestão de mais de 1.000 empresas de diversos segmentos e portes. Além de ter contato com as melhores práticas de mercado, também presenciei muitas dores no dia a dia da gestão dessas organizações e principalmente nas relações interpessoais. Isso sempre me gerava bastante incômodo, o que culminou em um desejo enorme de contribuir com todos os meus aprendizados e saberes, para gerar transformações nas organizações e principalmente em seus colaboradores. Então, fundei a minha empresa de *coaching* & mentoria com a grande missão de ajudá-las a se reinventarem, e com um único propósito: trazer leveza ao cotidiano, às relações e às rotinas; afinal, sabemos que mais importante do que a chegada é a caminhada.

Operando no piloto automático

Durante a condução dos projetos, uma das metodologias que aplico consiste em gerar questionamentos e reflexões sobre por que determinada rotina é realizada daquela forma, e, pasmem, as respostas que escuto são: "Sabe que eu não sei?! Desde que cheguei aqui na empresa, me disseram que era para ser feito dessa forma e assim eu venho fazendo. Nunca parei para me questionar" ou: "A empresa criou este controle, mas, para ser bem sincero, não vejo nenhuma utilidade e valia" ou, ainda: "Eu recebo este relatório da outra área, mas nós não utilizamos nenhuma informação nele contida". Aí quando questiono: "E você nunca procurou a outra área para dizer isso?" A resposta muitas vezes é: "Nosso dia a dia é muito corrido". Noto que faltam, nas relações, ingredientes fundamentais: o respeito mútuo no sentido de compreender o impacto do seu trabalho e das suas entregas no trabalho do outro; a comunicação assertiva e humanizada, além do alinhamento de necessidades e expectativas.

Triste, não é mesmo? É por isso que percebo em muitas organizações uma jornada pesada. Então, meu primeiro convite para você é: questione e busque compreender o porquê das coisas, tudo tem que fazer sentido e ter uma utilidade. Cada vez mais, neste mundo VUCA acelerado e em constante transformação, precisamos ter rotinas assertivas na gestão que levem a um aumento da produtividade, a uma redução dos retrabalhos e a um alinhamento de propósito, com uma gestão humanizada e engajada para a entrega dos resultados.

Meu papel neste capítulo será o de trazer novas ópticas sobre uma gestão humanizada e inovadora, com provocações que levem você a reflexões sobre as práticas e modelos de gestão que hoje podem estar sendo adotadas aí na sua empresa, com a missão principal de identificar mudanças e gerar transformações. Quando isso acontecer, terei cumprido meu propósito.

O avanço da Inteligência Artificial

De acordo com o International Association of Artificial Inteligence, a Inteligência Artificial já é capaz de:

- compreender o contexto;
- extrair informações relevantes de uma conversa;
- planejar e otimizar;
- falar;
- interagir;
- responder adequadamente a um problema;
- gerar frases e histórias;
- reconhecer pessoas e objetos;
- negociar;

- aprender padrões;
- seguir regras estabelecidas.

Vejamos alguns fatos sobre os avanços da inteligência artificial:

- a Amazon demitiu milhares de pessoas, nos últimos quatro anos, que trabalhavam nos armazéns nos Estados Unidos;
- segundo pesquisas da Universidade de Stanford, da Faculdade de Direito Duke, a Inteligência Artificial faz em 26 segundos e com 94% de assertividade o trabalho que um advogado levaria 92 minutos e no qual teria apenas 85% de assertividade;
- de acordo com dados publicados pela BBC News, em janeiro de 2020, a acuracidade na identificação do câncer de mama com a inteligência artificial é de 91,4% contra 86% da média de seis radiologistas.

Trouxe o contexto da Inteligência Artificial para mostrar a importância de revermos a abordagem de gestão, considerando a potência que ela pode proporcionar ao seu negócio. Não devemos nos assustar com esse avanço nem enxergá-lo como uma ameaça de desemprego em massa, mas, sim, compreender que esse avanço tecnológico nos trará inúmeras facilidades, e que agora devemos focar nas pessoas, com o objetivo de investir cada vez mais no desenvolvimento das habilidades comportamentais, também conhecidas como *soft skills*, para gerarmos um ambiente saudável e humanizado em busca de melhores resultados.

Um mundo acelerado e em constante transformação

Vivemos no que hoje chamamos de mundo **VUCA**. Vejamos a seguir o que significa essa sopa de letrinhas:

- **Volátil:** consiste na velocidade das mudanças e na necessidade de desenvolver um *mindset* mais ágil.
- **Incerto:** se tudo muda o tempo todo, fica cada vez mais difícil prever os resultados futuros.
- **Complexo:** com toda essa volatilidade e essas incertezas, uma única ação pode ter enormes consequências, originando complexidade na tomada de decisões.
- **Ambíguo:** é difícil se planejar por conta das inúmeras dúvidas, incertezas e indefinições que este mundo atual nos traz.

Em resumo, podemos entender que o pensamento linear, quadrado, perfeccionista e altamente detalhado que tínhamos nos modelos de gestão do passado não cabe mais em muitos dos cenários que vivemos hoje.

Como caminhar para a transformação

Vimos até aqui que os avanços na IA e a rápida transformação que sentimos nos convidam a desenvolver novos comportamentos, pois, afinal, não dá para esperarmos resultados diferentes se não mudarmos nossa forma de enxergar as coisas e de agir.

Vou compartilhar agora alguns pensamentos que, se colocados em prática, poderão propiciar um novo olhar disruptivo sobre a gestão, com o objetivo de apoiar você nas descobertas e nas evoluções.

Vamos lá!

Reflexão 1: questione mais!

Permita-se fazer perguntas, no seu dia a dia nas diversas situações, obstáculos e desafios, que qualquer criança faria, pois com uma mente de iniciante, ou seja, aberta, livre de julgamentos e preconceitos e partindo do princípio de que nada é óbvio daqui para a frente, você poderá encontrar soluções incríveis que levem a gestão da empresa a outros patamares de maturidade.

Aceite que muitas vezes terá que tomar decisões com informações incertas, pois, reitero, vivemos em um mundo VUCA.

Desafie o *status quo* das coisas. O absurdo de hoje será a realidade do amanhã. Questionar "verdades" e "paradigmas" para encontrar novos caminhos em busca de soluções diferentes é o caminho do agora. Ao questionar, você passa a se distanciar da "normalidade", afinal novas experiências criam memórias. Saia na frente!

Reflexão 2: seja apaixonado por resolver a dor do seu cliente interno e externo

Não se faz mais algo "para" as pessoas, mas, sim, "com" as pessoas. Isso é bem diferente! Quando fica focado em construir algo para alguém, você corre um grande risco de que isso não seja consumido.

Muitas empresas e negócios quebraram, pois o foco estava em ficar cada vez melhores no que fazem, o que não necessariamente os aproximou de resolver a dor dos clientes.

Vejamos alguns exemplos:

- A Netflix não acabou com a Blockbuster, mas as cobranças de multas por atraso na entrega de DVD alugadas fizeram que a Blockbuster perdesse seu mercado.
- O Uber não atrapalhou os taxistas, mas as altas tarifas de táxi fizeram que estes perdessem mercado.
- A Amazon não prejudicou os varejistas, mas os serviços de péssima qualidade fizeram que a Amazon ganhasse mercado.
- A Apple não matou a indústria musical, mas obrigar os clientes a comprarem álbuns completos fez que ela ganhasse o mercado nessa indústria.
- O Trivago não destruiu a hotelaria, mas a disponibilidade limitada de vagas nos hotéis e as tarifas altas fizeram que conquistasse os clientes oferecendo um serviço de comparação de preços de hotéis.

Portanto, não atender às demandas dos clientes é, sim, a maior ameaça para qualquer negócio.

Reflexão 3: tem que tentar e testar

Só erra quem faz, ou seja, é necessário desenvolver a cultura da prototipação e da experimentação, para que a transformação aconteça. No passado, muitos de nós aprendemos a enxergar o erro como uma punição. Hoje é necessário experimentar, tentar e, se errar, produzir aprendizado.

Aprendi desde pequena que ou acertamos ou erramos, mas hoje tenho uma nova óptica sobre essa crença, que é: ou acertamos ou aprendemos.

Reflexão 4: invista na diversidade de pessoas

A diversidade no ambiente de trabalho leva ao aumento da criatividade. Pessoas com origens diferentes tendem a ter experiências e perspectivas distintas.

Reflexão 5: trabalhe por um propósito

Gente talentosa quer embarcar em um foguete e ir para a Lua! Mais do que o salário, o talentoso quer deixar um "legado" e transformar a sociedade com seus talentos!

Em 2007, o jornal *Washington Post* acompanhou a experiência do renomado Joshua Bell tocando seu violino no metrô. Ninguém notou que assistia a algo especial. Em 2009, repetiram o experimento, na cidade de Nova York, em pleno horário de *rush*. Alguns dias depois de tocar no Symphony Hall de Boston com ingressos a US$ 1 mil, Joshua executou, por 45 minutos, obras clássicas, em um raríssimo Stradivarius de 1713 – com valor estimado em US$ 3 milhões, na época. O violinista recebeu só alguns trocados de alguns passantes.

O fato é que ninguém percebeu que estava diante de um dos maiores músicos do mundo. Portanto, o contexto determina o valor que damos às coisas.

Mantenha seu olhar atento e cerque-se de pessoas capazes de apreciar o que você faz, escolhendo lugares, parceiros e um trabalho que saiba valorizar e dar espaço para que você possa entregar o que tem de melhor.

Como é que sua empresa pode se cercar de gente boa?

Uma das maneiras é dando liberdade com responsabilidade. Gosto muito desta frase de Steve Jobs:

> *Não faz sentido contratar pessoas inteligentes e dizer a elas o que fazer; nós contratamos pessoas inteligentes para que elas nos digam o que fazer.*

E para que essa liberdade com responsabilidade funcione, é preciso que todos estejam alinhados sobre o seguinte:

1. Por que sua empresa e área fazem o que fazem?
2. Como sua empresa e área fazem o que fazem?
3. O que sua empresa e área fazem o que fazem?

Esse é o conceito do *Golden Circle*, apresentado por Simon Sinek em seu livro *Comece pelo porquê*. Para o autor, a resposta está no forte senso de propósito que inspira as pessoas a darem o melhor de si para uma causa expressiva: o porquê!

Pessoas: entenda o verdadeiro papel da liderança humanizada

> *100% dos clientes são pessoas, 100% dos funcionários são pessoas; portanto, se você não entende de pessoas, você não entende de negócios.*
> SIMON SINEK

O que faz um negócio chegar a resultados incríveis são as pessoas. Portanto, devem estar presentes, em uma liderança humanizada, a escuta, a empatia, a presença e o interesse genuíno de cuidar do outro.

Se você é líder, pare de gastar seu tempo controlando as pessoas. Contrate-as pelas habilidades comportamentais e pelo caráter, e entenda que seu verdadeiro papel passa a ser muito mais o de inspirar, capacitar e colocar todos no contexto e propósito para que todos tenham condições de dar o melhor de si. Afinal, pessoas em um contexto errado se paralisam.

> *Líderes não cuidam de resultados, líderes cuidam de pessoas e as pessoas geram os resultados.*
> SIMON SINEK

Tenha um olhar para o crescimento. No meu livro *Soft Skills: habilidades do futuro para o profissional do agora*, exploro como desenvolver o *mindset* de crescimento.

A nova era

E, para finalizar, afirmo que inovar tornou-se algo urgente. Desenvolva uma cultura de solidariedade e cooperação no lugar da competição. Crie um clima leve, alegre e divertido. Substitua o "ralar no trabalho" por um trabalho "gostoso e humanizado". Romper a gestão tradicional agora é seu maior desafio.

> *O que vai diferenciar as pessoas é a atitude de se aventurar a novos lugares e se desafiar.*
> LUCEDILE ANTUNES

Ou você muda, ou tudo se repete!

Desejo que esse conteúdo possa ter tocado você de alguma forma, para que saia inspirado a gerar transformações por onde passar. O momento é agora, embarque nessa!

Com carinho,

Lucedile Antunes

Referências

ANTUNES, L. *Soft Skills: competências essenciais para os novos tempos*. São Paulo: Literare Books International, 2020.

ANTUNES, L. *Soft Skills vol. 2: habilidades do futuro para o profissional do agora*. São Paulo: Literare Books International, 2021.

SINEK, S. *Comece pelo porquê*. São Paulo: GMT, 2019.

TOFFLER, A. *A terceira onda*. São Paulo: Bantam Books, 1980.

17

COMO TRANSFORMAR O (SEU) MUNDO?

A inovação é a única forma de mantermos não apenas nossos negócios vivos, mas também nossos sonhos. Sem honrarmos nosso propósito, jamais teremos sucesso e dificilmente encontraremos a felicidade. Abandonar o medo do julgamento, exercitar a empatia e ouvir a nossa alma é a única forma de sermos criativos. É construindo um novo mundo para os outros que criamos um novo para nós.

NATALIA GUIMARÃES VIOTTI

Natalia Guimarães Viotti

Contatos
www.nataliaviotti.com
contato@nataliaviotti.com
Instagram: @nataliaviotti.adv
TikTok: @nataliaviotti.adv
Spotify: Natalia Viotti
Facebook: @nataliaviottioficial
LinkedIn: linkedin.com/in/nataliaviotti
11 91482 1957

Advogada trabalhista empresarial, formada pela Universidade Católica de Santos/SP, especialista em Direito do Trabalho Empresarial pela Faculdade de Direito Damásio de Jesus, com extensão universitária em Gestão de Pessoas e *Compliance* Trabalhista pela FGV, além de ser pós-graduada em Psicologia Positiva pela Pontifícia Universidade Católica. Possui certificação em Relacionamento com Clientes, Equipes e Colaboradores, em *Mindfulness* pela PUC-RS e é certificada internacionalmente pela ITCerts® em *LGPD Foundation, GDPR Foundation, Information Security Management* (ISO 27001), *Information Security Risk Management* (ISO 27005), *IT Governance Foundation* (ISO 38500) e *Data Protection Officer* (DPO). Possui também extensão universitária em Aspectos Jurídicos da Violência Obstétrica pela PUC-RJ. É autora do livro *9 estratégias para alcançar a alta performance*, disponível na plataforma digital Hotmart, e coautora do livro *As donas da p**** toda – celebration,* da Editora Literare Books International. Com uma trajetória de quase 18 anos na advocacia trabalhista empresarial, Natalia trabalhou em grandes escritórios de São Paulo, como Perez e Rezende, Siqueira Castro Advogados Associados e Gouvêa Vieira Advocacia, no qual trabalhou por oito anos e foi coordenadora jurídica da Área Trabalhista na filial de São Paulo de 2016 a 2022, quando decidiu empreender e fundar a Viotti Advogados, dedicando-se a consultoria empresarial, treinamentos corporativos, palestras e mentorias.

100% dos clientes são pessoas. 100% dos colaboradores são pessoas.
Se você não entende de pessoas, você não entende de negócios.
SIMON SINEK

Nos últimos anos, eu ouvi muitas pessoas me perguntando como eu fazia para ser tão criativa. Para elas, eu parecia ter um dom especial. A verdade é que nem sempre foi assim. Durante muito tempo, eu me achei um pouco intelectualmente incapaz. Essa ideia surgiu quando eu ainda estava na escola, em uma aula de matemática. Era a terceira vez que a professora me explicava como fazer uma conta de divisão com dois números na chave e eu permanecia sem captar o sentido daquilo.

Lembro-me, como se fosse ontem, dos olhares dos coleguinhas na minha direção; meu coração batia cada vez mais acelerado, parecia que todos estavam rindo de mim. Comecei a ouvir a voz da professora em ritmo lento e de repente me senti nauseada, com muita tontura e não segurei o choro. Eu chorava tanto que a professora precisou ir comigo ao banheiro para lavar meu rosto e me acalmar. Meu rosto formigava, minhas pernas amoleceram e eu vomitei. Quantos anos eu tinha? Acho que oito.

Na época eu estava me adaptando à separação dos meus pais e à divisão do quarto (e da atenção) com minha irmã de um aninho. Hoje sei que naquele dia, precocemente, havia tido uma crise de pânico. Eu estava sobrecarregada emocionalmente e não sabia, tentava suportar tudo sozinha e demonstrar para minha mãe que nada daquilo me abalava. Precisava fazer parecer que tudo era natural e fácil de lidar, mas aquela divisão com dois números na chave foi "demais".

Daquele dia em diante, eu passei anos me achando inferior aos outros. É claro que não fui a única criança a passar por constrangimentos na escola; aliás, aquele também não foi o último. Sabemos que todos os dias alguém sofre com o julgamento de um colega ou de um olhar atravessado de um professor, mas o interessante é que esses eventos têm poder de minar nossa criatividade.

Natalia Guimarães Viotti

O medo do julgamento nos afasta da inovação, pois não nos permite ousar. É bem comum ouvirmos por aí pessoas dizendo que não são criativas, mas não é verdade. Criatividade é uma ferramenta que todos possuímos, porém precisamos treiná-la e, na maioria das vezes, é a necessidade que faz a "mágica" acontecer.

Os automóveis foram inventados pelos alemães, mas foi um norte-americano que desenvolveu a primeira linha de produção da indústria automotiva, o que tornou o processo mais rápido e barato, reduzindo o valor do carro para os consumidores. Pensando também no custo e na velocidade da entrega, ao criar o Modelo T, Henry Ford utilizou apenas a tinta preta, cujo tempo de secagem era menor e a matéria-prima, também mais barata. Obviamente, seu produto precisava ser atrativo no mercado, e foi então que a célebre frase: "O cliente pode ter o carro da cor que quiser, contanto que seja preto" rodou o país, angariando sucesso e agregando valor de mercado. O mais interessante é que, naquela época, os clientes queriam carruagens com mais cavalos, não se imaginava viabilizar o acesso dos veículos automotores a todos em razão do alto preço, mas ele foi lá, fez e ainda brincou com o "problema" da cor. Pode-se dizer que Henry Ford foi inovador e disruptivo, especialmente pela necessidade.

O bom da vida é que tudo está em constante evolução e é preciso entender as necessidades humanas.

A Kodak já foi a maior empresa de fotografia do mundo, com 90% das vendas de filmes e 85% das vendas de câmeras nos Estados Unidos nas décadas de 1970 e 1980. Quem não se lembra da década de 1990, quando seus produtos foram substituídos pelas câmeras fotográficas digitais, que foram rapidamente trocadas pelos *smartphones*?

Nas palavras do norte-americano Chuck Robbins, CEO da Cisco Systems, aproximadamente 40% das empresas "Fortune 500" não existirão mais até 2025 devido à incapacidade de adaptação aos novos tempos. O século XXI mostrou que o modelo tradicional do capitalismo está desgastado e a sociedade tem cobrado um foco maior no ser humano. Saímos do foco em finanças para o foco no propósito.

Martin Seligman, um dos fundadores da Psicologia Positiva, criou um acrônimo de cinco elementos que levam ao bem-estar (P.E.R.M.A. – em inglês), que se traduz em emoções positivas, engajamento, relacionamentos positivos, significado e realizações. Quantos desses elementos você cultiva na sua vida?

Depois que cursei pós-graduação em Psicologia Positiva, passei a dedicar um tempo do meu dia à prática de *mindfulness*, uma atividade meditativa voltada para a atenção plena. É cientificamente comprovado que, quando estamos no momento presente, nosso nível de bem-estar é bem maior do que quando estamos divagando, e isso automaticamente propicia mais segurança para que nosso cérebro crie e desenhe novas possibilidades.

Doug Dietz, um *designer* de equipamentos laboratoriais de imagem (máquinas de ressonância magnética), quando trabalhava na GE (General Eletric), estava incrivelmente satisfeito por criar máquinas que geravam resultados extremamente pontuais e detalhados, até que um dia viu uma garotinha chorando desesperadamente por medo de entrar na máquina. Foi quando ele soube que 80% das crianças que precisavam fazer o exame tinham que ser sedadas pelo medo do barulho e do formato pouco acolhedor. Ele ficou tão arrasado que após estudar empatia, *design thinking* e inovação, criou um modelo diferente.

Era um "navio pirata". Os médicos convidavam as crianças a entrarem no navio e diziam que tinham que ficar paradinhas para que "os piratas não as vissem". O resultado foi a queda do percentual de sedação, que de 80% passou para 10%, ou seja, não era mais necessário ter tantos anestesistas à disposição, gerando ainda economia medicamentosa. Conclusão: a inovação surge da necessidade de solucionar uma dor, e quando atinge seu objetivo sempre vem acompanhada de economia, produtividade ou geração de valor. A empatia é o caminho.

Houve um tempo na minha vida em que eu trabalhava em um escritório que não me valorizava, não me permitia desenvolver as habilidades que eu acreditava ter. Foi uma época muito desafiadora, pois ao mesmo tempo que eu sentia que precisava "explodir" meu potencial, também me sentia tolhida. Era como se tudo o que eu tentasse fazer fosse errado, mal interpretado ou inadequado. Eu era julgada o tempo todo, não conseguia aplicar o que eu havia aprendido no mundo corporativo e tampouco partilhar o conhecimento adquirido nas formações que compunham meu currículo.

Aprendi que nem todo lugar está preparado para inovar. A experimentação é condição *sine qua non* para a inovação e, como tal, requer coragem, desprendimento e empatia.

Além de me sentir sobrecarregada, não havia pela alta direção a preocupação em gerar senso de pertencimento. Meus e-mails não eram respondidos, minhas demandas não eram atendidas, fui excluída de projetos e casos sem sequer ser comunicada, passei a receber menor remuneração e, depois de uns 8 meses, essa diferença foi implementada de modo particular, da conta pessoal de uma das sócias para a minha conta, e depois de uns meses, com atrasos, até que adoeci. Lembro-me de uma ocasião em que eu deveria estar afastada por motivo de saúde e mesmo assim fiz uma petição com muito esforço, porém um tempo depois ouvi como feedback que "aquilo estava uma porcaria". Um dia, perguntei se era para eu desistir e ouvi: "Sinta-se liberada". Era um fato, eu precisava sair dali, a cultura organizacional daquela empresa não estava alinhada ao que eu acreditava ser importante, ou seja, meu potencial e propósito não estavam sendo aproveitados.

Albert Bandura, um psicólogo canadense, dizia que "quanto mais intensamente percebida a eficácia coletiva, mais elevadas são as aspirações do grupo e maior é a motivação para realizações; quanto mais intensa a persistência diante de impedimentos e obstáculos, mais elevados são o moral e a capacidade de recuperação diante do estresse, e maior a realização de proezas" (BANDURA, 2001, p. 14). Ou seja, quanto menos autoeficácia se tem em um grupo, mais difícil é acreditar na própria capacidade e se recuperar de picos de esgotamento, sendo mais improvável ainda sentir-se capaz de mudar o mundo.

Na época, meu marido falou: "Sai, a gente dá um jeito". Tive medo? Muito! Principalmente porque os anos de trabalho não foram reconhecidos nem na minha saída e eu tive que enfrentar os meses seguintes sem qualquer respaldo ou segurança financeira, mas ou era isso, ou acabava de vez com meu casamento e com o pouco de saúde que me restava. Nem as duas férias que eu não havia conseguido tirar eu recebi sob o argumento de que, como eu estava sob contrato social, não tinha direito a recebê-las, pois eu não era empregada. Ainda fui lembrada de que ficara dois meses afastada por doença, como se fosse a mesma coisa. Ansiedade generalizada, esgotamento profissional, depressão e TDAH foram apenas alguns dos diagnósticos que tive, mas nada foi suficiente para que eu fosse acolhida e respeitada de verdade pelo escritório.

Em casa, com tempo livre para cuidar da minha saúde, organizar minha casa e olhar ao meu redor, consegui dar asas à minha imaginação e ter segurança para colocar para fora todo o potencial que ali não era bem-vindo. Passei a me relacionar com pessoas prósperas, positivas e ousadas. Comecei a retomar a tal da alta autoeficácia tão falada por Bandura.

Eu sempre tive verdadeira paixão por ensinar, por desenvolver pessoas e por cuidar. Passei a ver quantas outras mulheres passavam pelo que eu havia vivido. Decidi, então, unir meu conhecimento em direito do trabalho empresarial, liderança, empreendedorismo, psicologia e, claro, a minha história. Transformei toda aquela dor do *burnout* e do TDAH ignorados em um estudo sobre o papel que uma liderança eficiente deve ter, como criar um ambiente saudável e a responsabilidade da empresa em propiciar segurança psicológica aos seus colaboradores e conhecer aspectos importantes da neurodivergência. Aquilo virou minha monografia e, na sequência, uma palestra que hoje apresento em várias empresas.

Criei o Programa Sucesso Sustentável para escolas públicas, que depois se transformou na Jornada do Futuro Consciente para escolas particulares, cujo intuito é preparar os adolescentes não apenas para o novo ensino médio, mas sim para a vida, que cada vez mais nos cobra autoconhecimento, empatia e realização do nosso propósito.

Passei a ensinar recém-formados a advogar, a perderem o medo de falar em público e a como executarem um trabalho de excelência. Quanto mais pessoas eu transformava, mais confiante eu ficava e, consequentemente, mais criativa. Isso me permitia ter cada vez mais ideias e me encorajava a realizá-las. É, eu estava inovando na advocacia, era um novo jeito de advogar. Isso é ser disruptiva! – pelo menos ao meu modo.

Abri meu escritório, foquei na consultoria empresarial e no *compliance* trabalhista com atendimentos on-line e liberdade geográfica. Meus alunos passaram a ser meus mentorados. A cada palestra, um cliente novo: ora aparecia uma nova empresa, ora um novato querendo ser meu aluno. Aonde eu ia, encontrava uma oportunidade de mudar a vida de alguém. Era meu propósito sendo realizado. Era eu pulsando novamente.

Se você começar a investir em bem-estar, felicidade e engajamento, automaticamente passará a ser mais criativo e otimista, passará a ter mais empatia pelas pessoas, novas ideias aparecerão e você vai enxergar caminhos que talvez nunca tenham sido traçados por alguém, mas saberá, dentro do seu coração, que aquela rota o levará ao sucesso que tanto almeja e que faz sentido para você, pois estará alinhada ao seu propósito. Se existe algo que eu possa dizer com absoluta certeza é que: a) ter uma rede de apoio é fundamental; b) o sucesso segue a felicidade, não o contrário; c) sem empatia, não há inovação; e d) somos verdadeiramente felizes quando fazemos a diferença na vida de alguém. "A vida é sobre criar impacto, não uma renda" (Kevin Kruse).

Referências

BANDURA, A. (1982). Self-efficacy mechanism in human agency. *American Psychologist,* 37(2), 122-147. Disponível em: <http://dx.doi.org/10.1037/0003-066X.37.2.122>. Acesso em: 30 jan. de 2023

BANDURA, A. (1994). Self-efficacy. In: V. S. RAMACHAUDRAN (Ed.), Encyclopedia of human behavior (Vol. 4, pp. 71-81). New York: Academic Press. (Reprinted in H. Friedman [Ed.], *Encyclopedia of mental health.* San Diego: Academic Press, 1998).

BANDURA, A. (2001) Social cognitive theory: an agentic perspective. *Annual Review of Psychology* 52:1, 1-26.

Psicologia Positiva – Teoria, Pesquisa e Intervenção. Curitiba: Editora Juruá. In: BAKKER, A. B.; DEMEROUTI, E. (2013). La teoría de las demandas y los recursos laborales. *Journal of Work and Organizational Psychology,* 29, 107-115.

BOEHS, S. T. M.; SILVA, N. (2017). *Psicologia positiva nas organizações e no trabalho: conceitos fundamentais e sentidos aplicados.* São Paulo: Vetor.

SALESSI, S.; OMAR, A. G. (2017). Comportamientos proactivos en el trabajo una puesta al día. *Revista Argentina de Ciencias del Comportamiento (RACC),* 9 (3), 82-103.

EMPREENDEDORISMO INTELECTUAL
POR QUE É IMPORTANTE INVESTIR EM CONHECIMENTO?

Empreendedorismo e intelectualismo geralmente são vistos de formas diferentes, mas um pode reforçar o outro. Muitos concordarão em reconhecer a educação como o investimento que mais pode trazer benefício em longo prazo. Pesquisas mostram que a educação pode fazer uma diferença definitiva na vida das pessoas e que não é boa apenas para os indivíduos, mas também para o desenvolvimento social de um país. Investir em educação é o movimento certo para desenvolvimento individual e social, mas também uma forma segura e estratégica de obter retorno sobre o recurso e o tempo investidos.

NERY NETO E SAMUEL MARTINS

Nery Neto

Contatos
www.neryneto.com.br
neryvieiraneto@gmail.com
Instagram: @neryvieiraneto
21 98294 2674

Administrador pelo CEFET/RJ, palestrante e *coach*, formado pela Sociedade Latino Americana de Coaching. Com formação técnica pelo CEFET/RJ, atuou como educador em projetos como o Time SIFE do CEFET/RJ e testemunhou a alavancagem que o conhecimento promoveu na vida das pessoas. Filho de cocadeiro e empregada doméstica, viu a própria realidade mudar ao empreender no conhecimento. Trabalha na maior empresa do Brasil e atua como *coach*, apoiando pessoas a alcançarem suas metas.

Samuel Martins

Contatos
www.samuelmartinsc4.com.br
samuelmartinsc4@gmail.com
Instagram: @samuelmaritnsc4
22 99797 9674

Administrador, palestrante e empreendedor intelectual, filho mais jovem de uma família de sete filhos de um humilde barbeiro. Cursou 14 graduações e 29 pós-graduações. Começou a trabalhar aos 13 anos de idade. Trabalhou na indústria por mais de 24 anos, onde ocupou função gerencial na maior empresa brasileira. Já atuou como professor universitário. Atualmente, cursa doutorado em Saúde Pública. Aos 40 anos de idade, foi atrás de um grande sonho: cursar Medicina.

Empreendedorismo intelectual

O mundo das ideias, do conhecimento e da intelectualidade e o mundo dos negócios, mais da ação, parecem ser distintos, mas estão muito mais conectados do que parece. O conceito que conotamos como "intelectual" diz respeito aos estudos, pesquisas, universidades ou discussões sobre questões da educação.

Quem investe em conhecimento pode ouvir que "só conhecimento não paga as contas". É difícil negar o argumento, já que muitas pessoas qualificadas têm remuneração menor que de empreendedores. Quem escolhe empreendedorismo de negócios dificilmente ouve um conselho desse tipo sobre empreender por se entender que negócio é mais rentável que conhecimento.

Isso ocorre porque não se vê a intelectualidade como um produto. Tempo é dinheiro e, nesse mundo dos negócios, não há tempo para contemplações e opiniões mais complexas, que abrem espaço para a reflexão.

No empreendedorismo comercial, o melhor livro que se pode encontrar é uma conversa com pessoas experientes e com histórias de sucesso. Afinal, há muito a fazer e muito a ganhar nesse universo. À primeira vista, o empreendedorismo e a intelectualidade não têm nada em comum, mas isso é apenas a superfície.

O investimento em educação e conhecimentos teóricos tem consequências positivas para a economia, para o desenvolvimento pessoal e para a sociedade. Ele permite que o indivíduo esteja preparado para as melhores oportunidades.

O preço, a qualidade, a variedade dos produtos, a capacidade de compra não são propostas apenas pelos fornecedores de mercadorias, mas também por aqueles com uma formação acadêmica para dizer-lhes o que e como produzir. É aqui que entram os empreendedores intelectuais. São especialistas, pesquisadores e técnicos que materializam as ideias dos empreendedores comerciais.

O campo da intelectualidade pode ser rentável para quem nele investe e empreende. O que chamamos de Empreendedorismo Intelectual é uma jornada para criar um conhecimento novo ou para obter habilidades para exercer funções, como postos de trabalho ou cargos públicos.

Vivemos em tempos de relativa abundância de oportunidades de consumo. A produção de bens deixa de ser um problema e os consumidores têm oferta maior e mais diversificada que nunca. Quais são os fatores que possibilitaram essa revolução? É difícil apontar com certeza, mas a produção intelectual e o investimento em educação fazem parte da resposta.

O empreendedor intelectual sabe que a educação tem um valor que não pode ser perdido e o busca ativamente. O retorno primário é o próprio conhecimento e esse pode ser usado para geração de renda, associando-o ao exercício de uma função, cargo ou empreendimento comercial.

O conceito de empreendedorismo intelectual que queremos explorar neste capítulo vai um pouco além da concepção tradicional e transita por todas as áreas do saber.

Empreender em educação

Empreendedorismo e intelectualismo geralmente são vistos como opostos, mas são complementares. A educação é o investimento mais promissor em longo prazo. Pesquisas mostram que a educação pode fazer diferença duradoura na vida das pessoas e não só para indivíduos, mas também no desenvolvimento social. Exemplo disso foi a estratégia de investimento em educação da Coreia do Sul, que resultou na prosperidade do país.

Investir em educação é o movimento certo para desenvolvimento individual e social e uma forma inteligente de empreender. Como exemplo, podemos citar os autores Samuel Martins, filho de barbeiro, e Nery Neto, filho de cocadeiro, que, com o investimento na educação, escalaram socialmente com a qualificação para o mercado de trabalho.

A pessoa que empreende intelectualmente pode encontrar realização de várias maneiras. Nem todo intelectual está apto a trabalhar no âmbito acadêmico e grande parte do trabalho intelectual não se limita à teoria: o estudo é um investimento para uma aplicação futura.

O conhecimento com base teórica é útil para quem quer difundi-la, mas a sua construção não é para todos. Alguns querem trabalhar na pesquisa, outros estão interessados na prática. Um caminho é se associar ao empreendedor de negócios para que esse coloque as ideias na prática.

A educação lidera o caminho para o empoderamento dos indivíduos e a possibilidade de melhores empregos. Pesquisas mostram que cada ano adicional de educação aumenta a renda de uma pessoa em 10% e aumenta o PIB de um país em 18%1.

Mesmo a educação básica traz frutos para o indivíduo e para a sociedade. Você conhece a história do ex-vendedor de água Rick Chester? Ele viralizou ao mostrar a lógica empreendedora por trás da venda de água na praia. Ele mostrava fluxo de caixa, viabilidade econômica e lei de oferta e demanda. A veia empreendedora do escritor, palestrante e empreendedor é evidente desde essa época. O que está oculto no caso é a necessidade do conhecimento básico para poder expressar seu talento. Isso prova que investir em educação não é meramente produzir conhecimento, mas também tirar das sombras habilidades que jamais poderiam ser usadas sem o mínimo de estudo.

É por isso que os conhecimentos e habilidades que se costumam associar às atividades empreendedoras parecem ser um meio natural para aumentar o número de pessoas que serão impactadas com os conhecimentos adquiridos no campo da intelectualidade.

Os empreendedores intelectuais precisam pensar como os empresários. Fazer uma análise de viabilidade econômica, tempo de retorno do investimento e demanda de mercado. Por que não criar um plano analisando aptidão e demanda de mercado e se qualificar nessa interseção para obter uma posição e colher o retorno do investimento? O desenvolvimento do conhecimento como produto ainda não é uma estratégia comum, mas estamos aqui para dizer que é possível.

Existem várias estratégias de investimentos, como em imóveis, sociedade em empresas, crédito privado ou criptoativos, mas "investir em conhecimento rende sempre os melhores juros", como disse Benjamin Franklin. Conhecimento é confiabilidade. O conhecimento teórico e prático está presente em qualquer profissão e, quanto mais tempo se dedica ao empreendimento intelectual, mais valioso ele será e mais tenderá a recompensar.

A obtenção de um diploma em qualquer campo é considerado um rito de passagem e é um sinal de compromisso e interesse em autoaperfeiçoamento. O diploma não é a única garantia de conhecimento; pode e deve ser complementado com conteúdo mais específico. São os cursos livres que focam no saber fazer. Eles trazem retorno financeiro, mesmo sem ser um título formal, especialmente nas áreas em que o resultado é mais valorizado, como na de programação. O desempenho com o conhecimento também é uma forma de gerar confiabilidade.

A formação acadêmica, assim como o conhecimento prático, deve fornecer as habilidades mínimas para exercer uma função na roda da economia. Isso é gerar valor.

Empresas sólidas e eficientes empregam pessoas capazes de gerarem riqueza para a sociedade. O produto do empreendedor intelectual é ainda melhor que um bem material, pois pode se associar a outro conhecimento e gerar benefícios profundos para a sociedade. Como exemplo, podemos citar o GPS e o *smartphone*. Sozinhos são bons; associados são revolucionários.

A educação de qualidade contribui para progresso da sociedade e gera cidadãos aptos a contribuir com suas comunidades, sendo criativos com soluções cotidianas. Por isso, investir em educação também garante que as gerações futuras tenham acesso ao progresso que propicia a melhoria de suas condições de vida. Alguém imagina a possibilidade de viver sem energia elétrica? Ou sem conexão com a internet? De certo que não. A educação abre novos horizontes e supre necessidades ainda desconhecidas.

Quem investe em educação tem mais chances de encontrar uma ocupação que traz bom retorno. Dessa forma, pode continuar investindo na própria qualificação e na de seus descendentes, mantendo o ciclo do "empreendimento".

As pessoas precisam de educação em qualquer âmbito, pois só por meio dela poderão ser críticas e usar a racionalidade em suas ações mais básicas. Além disso, pessoas com maior tempo de estudo tendem a viverem mais e serem mais saudáveis.

O que se pode alcançar na vida profissional é proporcional à dedicação na busca por aperfeiçoamento. Ao empreender intelectualmente, pode-se passar de uma mentalidade restrita para uma mais ampla, voltada para o aprimoramento do produto, que é o conhecimento de quem o cultiva e alcançar o que qualquer empreendedor almeja, auferir retorno sobre o seu investimento ao atender uma demanda.

Quanto mais pessoas instruídas, melhor será a sociedade e essas podem compartilhar seus conhecimentos e experiências para tornar o mundo um lugar melhor. Exemplo disso são projetos que são continuados mesmo sem a tecnologia disponível no mercado. Há a certeza de que, na época do lançamento do produto, anos depois, a tecnologia que faltava já vai ter sido desenvolvida por outros pesquisadores.

Existem várias lacunas no setor educacional que dialogam com o empreendedorismo de negócios. Por exemplo, aplicações em infraestrutura escolar e universitária, investimento em tecnologia e modelos de serviço, *softwares* de ensino a distância. Ao receber recursos, essas áreas têm potencial para consolidar o ecossistema educacional e construir um mercado educacional formador e fértil. É um ciclo virtuoso.

A evolução com empreendedorismo intelectual é inalienável e irreversível. O progresso não tem marcha à ré, e até pouco tempo, foguete também não tinha, até que Grasshopper, da SpaceX, subiu, parou no ar e estacionou de volta na base de lançamento. Esse evento aconteceu em McGregor, Texas, nos Estados Unidos. Foi necessário muito investimento, estudo, conhecimento acumulado e tempo para alcançar essa realidade impensável e o feito marcou a história.

O investimento no negócio intelectual é o caminho para disrupção e prosperidade. Elefante não voa... ainda!

Referência

IBGE EDUCA. Conheça o Brasil: população - educação. Disponível em: <https://educa.ibge.gov.br/jovens/conheca-o-brasil/populacao/18317-educacao.html#:~:text=Um%20dado%20importante%2[...]A7%C3%A3o,havia%20sido%206%2C8%25>. Acesso em: 09 mar. de 2023.

19

A LIDERANÇA NUA E CRUA PARA SER PRATICADA POR QUEM É LÍDER DE VERDADE

Se você é líder ou um aspirante à liderança, não feche o livro sem ler este capítulo. Aqui você vai entender o real significado da liderança, sem modismo e fórmulas mágicas, mas um conteúdo de valor sobre as competências imprescindíveis e tudo o que você precisa saber para ser, hoje, alguém indispensável para o amanhã. Afinal, a liderança é ação e não posição: quem você quer (e pode) ser amanhã depende de quem você é hoje.

PATRICIA DE SOUZA GOMES

Patrícia de Souza Gomes

Contatos
patricia.gomes@athensgestão.com.br
LinkedIn: patriciagomespsicologa
Instagram: @patriciagomespsicologa
48 99615 0136

Expertise consolidada há mais 12 anos na área de psicologia organizacional. Atua em gestão com pessoas, mentoria de liderança, é palestrante e professora. Especialista em Gestão Empresarial (CENSUPG), graduada em Psicologia (UNESC) e técnica em Secretariado Executivo (SATC). CEO da Athens, empresa de consultoria com clientes no Brasil (SC, RS, PR, GO, ES e SP) e nos EUA (TX e WA); presidente da AJE (Associação de Jovens Empreendedores) de Criciúma/SC; colunista do SC Todo Dia e finalista do Prêmio Mulher do Espírito Santo (2022). São mais de 20.000 horas potencializando pessoas e transformando negócios, mais de 8.000 profissionais já participaram dos seus cursos, *workshops* e treinamentos e mais de 690 líderes foram mentorados e apoiados em suas jornadas. Apaixonada por gestão com pessoas, seu lema de atuação é SURPREENDA, INSPIRE E REALIZE!

> *Só dá para ir para o próximo nível, na vida, na carreira e nos negócios, sendo o melhor que você pode ser agora, fazendo o melhor que você pode fazer agora.*
> BRUNO GIMENES

Existem líderes por toda parte: nas famílias, nas empresas, clubes, associações, roda de amigos... Os líderes assumem um papel primordial desde sempre, principalmente em tempos de mudanças bruscas, catástrofes, guerras e crises.

Líderes são exemplos, inspiram pessoas, tomam decisões, enfrentam desafios, perdem o sono, assumem riscos, renunciam ao tempo com a família, delegam atividades, acompanham resultados, participam de reuniões, planejam o futuro, controlam entregas, inovam, resolvem problemas, cuidam de pessoas, contratam, ministram *feedbacks*, demitem... Ops! Pera aí, líderes não são robôs e muito menos super-heróis, como inúmeros gurus da internet gostam de falar.

Mas, então, o que é ser um **líder de verdade**? Liderança é um comportamento e não uma posição. Liderança é mais do que SABER, liderança é FAZER. O conhecimento significa muito menos do que o que se pode fazer com o que se conhece.

Vamos começar pelo começo! Alguns líderes têm poder, outros têm autoridade. A diferença entre Poder e Autoridade é que, enquanto o poder é uma posição, geralmente um cargo ou algo que "permita" forçar ou coagir alguém a fazer alguma coisa, a autoridade é a habilidade de levar as pessoas a fazerem de boa vontade o que se quer, por causa da capacidade de influência, de inspiração. Assim, uma pessoa pode exercer autoridade mesmo não estando em um cargo de poder, enquanto outra pode estar no poder e não ter autoridade alguma.

Foi exatamente essa diferenciação que estimulou o conceito de liderança como evolução do conceito de chefia. Ser líder e ser chefe são coisas diferentes: líder tem autoridade e, por isso, lidera pelo exemplo; já o chefe tem poder e lidera pela máxima comando-controle.

O único líder que está preparado para o futuro é aquele que abraça a função mais poderosa em uma organização, e que compreende que sua responsabilidade deixa de ser exclusivamente consigo mesmo ou com a empresa, e passa a ser responsável pelo outro. Liderança baseada na autoridade. Nessa perspectiva, listamos as competências imprescindíveis para a liderança.

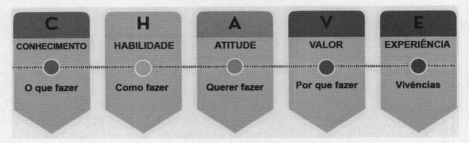

A palavra competência começou a ser realmente definida com os estudos de Scott B. Parry, que, em 1996, trouxe o significado do CHA (Conhecimento, Habilidade e Atitude) na obra The quest for competencies. Já no século XXI, o prof. dr. Eugênio Mussak entendeu que precisávamos adicionar o V e o E, ou seja, CHAVE (Conhecimento, Habilidade, Atitude, Valor e Experiência), principalmente devido às mudanças da sociedade, aos comportamentos das pessoas e ao *mindset* de futuro. Assim, o acrônimo CHA se torna CHAVE:

Se você quer saber se possui alguma competência, pense se tem **conhecimento, habilidade, atitude, valor** e **experiência** sobre a característica que está avaliando. Aproveite a lista a seguir e faça uma autoavaliação:

- **Coloque as pessoas em primeiro plano (*people first*):**

Tudo é sobre pessoas quando se trata de liderança; afinal, o resultado de um líder é a soma dos resultados de sua equipe. Para colocar as pessoas no centro de tudo, é preciso cuidar da segurança psicológica da equipe, saber ouvir, acolher, ter empatia, senso de justiça e integridade.

- **Confie em si e no outro:**

A confiança é a base de todo relacionamento. No livro *The Trusted Advisor*, David Maister, Charles Green e Robert Galford criaram uma equação que vai lhe ajudar a entender o que é, como praticar e de que forma analisar a confiança:

Credibilidade é o resultado de uma comunicação clara, transparente e genuína. Em síntese, é a relação entre o que a pessoa diz e o quanto isso é real. Afinal, não dá para confiar em pessoas que dissimulam fatos, mentem, né?

Consistência é o que vem depois da credibilidade, fruto da relação entre o que a pessoa diz e o que ela faz. É a integridade, a ligação entre a promessa e a realidade ao longo do tempo. A consistência tende a aumentar à medida que existe resultado comprovado. Afinal, não dá para confiar em quem fala uma coisa e faz outra, né?

Intimidade é a demonstração genuína de vulnerabilidades; o líder precisa reconhecer que não tem todas as respostas, aprender a pedir ajuda e assumir erros. A intimidade gera conexão, transparência e estimula a confiança. Quanto mais os líderes compartilham suas histórias, seus desafios e seus aprendizados, e pergunta para sua equipe sobre esses aspectos com interesse genuíno, mais todos se sentem à vontade para se abrir.

Auto-orientação se dá ao priorizar os interesses pessoais ou individuais em detrimento do todo. Quanto menor é a auto-orientação, maior o foco está nas pessoas, no propósito organizacional. Portanto, podemos mensurar a auto-orientação pelo quanto o líder abre mão da própria necessidade para priorizar as necessidades dos outros. Em síntese, o foco em si diminui a confiança, já o foco no outro aumenta a confiança.

- **Pratique o aprendizado e o ensinamento contínuo (*lifelong learning*)**

A liderança é a maior impulsionadora de desenvolvimento de uma empresa. Compartilhar o que se sabe é um ato de humildade; assim, sempre há tempo de ensinar e nunca é tarde para aprender.

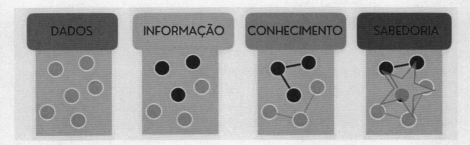

No mundo acelerado e infotoxicado (excesso de informações) em que vivemos hoje é preciso entender algumas diferenças:

Um líder que pratica o aprendizado e o ensinamento contínuo pode ser considerado um sábio, pois na prática capta os dados disponíveis, separa por grupos de informação, conecta as informações similares e as compartilha com a equipe sem medo de perder espaço e sem insegurança, pois compreende na íntegra que uma equipe aberta para a transformação é infinitamente mais crescente.

- **Encoraje os pares e liderados:**

Reconhece as competências das pessoas, foca no que é bom e estimula a autonomia.

Líderes que inspiram ministram *feedbacks* e *feedforward* regularmente; transformam as pessoas no melhor que elas podem ser; delegam atividades; compartilham responsabilidades; resolvem conflitos, elogiam e orientam sem esperar absolutamente nada em troca, única e exclusivamente para o desenvolvimento do profissional. Pessoas que acreditam em si mesmas são mais produtivas e felizes.

- **Busque por inovação:**

Um líder entende que a mudança é permanente, obrigatória e natural, porém que a evolução é uma escolha. Líderes que buscam por inovação tornam-se antifrágeis (coisas que se beneficiam do caos, que ficam mais fortes com as dificuldades), pois compreendem que, em um mundo considerado BANI (*Brittle, Anxious, Nonlinear* e *Incomprehensible*), sigla em inglês que define a dinâmica de mundo atual – e que em português significa: frágil, ansioso, não linear, incompreensível –, a inovação é regra para aqueles que querem se manter no futuro. Formas mais ágeis de acompanhar as atividades, criar métricas e apresentar indicadores facilitam a gestão da complexidade e geram dados para tomada de decisão.

- **Promova rituais e celebre conquistas:**

A constância e a recorrência é o que leva à perfeição, então o líder deve ter uma rotina organizada, planejamento sistematizado e priorização de reuniões, diárias, semanais e mensais, como: 1:1 (*one on one*), *kick-off*, reuniões de apresentação, discussão ou decisão. Além das tradições, o líder sempre comemora aquilo que ele quer ver mais vezes, ou seja, toda conquista, superação, avanço merece ser celebrada. Assim também se forma a cultura da gratidão.

Autenticidade sempre:

Promover a diversidade e apoiar uma cultura inclusiva permite que as pessoas se sintam valorizadas pelo seu trabalho, acima de qualquer diferença de raça, cor, gênero ou orientação sexual. E é claro que os benefícios são inúmeros; afinal, falamos há muito tempo que equipes multidisciplinares são mais robustas, criativas, abertas, adaptáveis e fortes.

Bem, como você viu, não há realmente um caminho fácil para a liderança. Por isso você precisa treinar suas competências; afinal, o sucesso é medido em SER o que você quer ser, e não o que DEU para ser, e a vida é tudo o que você faz com ela. Então, desafie o *status quo*, manipule a sorte, construa sua própria história e torne-se inesquecível.

Referências

CHARAN, R. *Pipeline de liderança: o desenvolvimento de líderes como diferencial competitivo*. Rio de Janeiro: Sextante, 2018.

DWECK, C. S. *Mindset: a nova psicologia do sucesso*. Objetiva, 2017.

McRAVEN, W. *Arrume a sua cama: pequenas coisas que podem mudar a sua vida... E talvez o mundo*. 2. ed. São Paulo: Planeta, 2019.

SINEK, S. *Comece pelo porquê*. Rio de Janeiro: Sextante, 2018.

TALEB, N. N. *Antifrágil: coisas que se beneficiam com o caos*. São Paulo: Objetiva, 2020.

NÃO EXISTE OCIOSIDADE
TODO TEMPO É DE INOVAÇÃO

A vida é curta! Deixar o tempo passar sem fazer parte da história do mundo não se encaixa no quebra-cabeça da minha vida. Seja disruptivo no dia a dia e deixe sua digital transformadora por onde passar. Este texto foi escrito para você que deseja melhorar e transformar o mundo como protagonista da sua história e apoiador daqueles que não tiveram as mesmas oportunidades. Somos semelhantes, mas estamos distantes de sermos iguais em acesso. Vamos fazer os elefantes voarem! Inovar mora na simplicidade e na ação.

PATRÍCIA OCÁRIZ

Patrícia Ocáriz

Contatos
patríciaocariz30@gmail.com
Linkedin: Patricia Ocariz
Instagram: @piresaraujoocariz
Facebook: patriciapiresaraujoocariz
61 98284 3839

Graduada em Serviço Social pela Universidade Católica Dom Bosco do Mato Grosso do Sul, MBA em Gestão Empresarial pela Fundação Getulio Vargas (FGV), 31 anos de atuação no mercado financeiro, com destaque para os cargos de analista sênior da Diretoria de Distribuição da Rede Varejo e da Diretoria de Clientes no Banco do Brasil. Cursos destacados: Análise de Projetos e Investimentos, Análise Financeira e de Crédito, Gestão de Equipes para Resultados, Gestão de Crédito, Palestrantes e Apresentadores, Oficina Pão e Beleza no Programa Fome Zero, todos realizados na Universidade Corporativa Banco do Brasil, Certificação Continuada da ANBID, Curso *Español para Extranjeros*, na Universidad Popular Miguel Delibes, Alcobendas, Madri, Espanha. Observadora, curiosa, criativa, disruptiva, voluntária de alma, praticante do ócio produtivo, conselheira para assunto de adoções, amo transformar e deixar minhas digitais por onde passo.

Do interior para o exterior

O ano em que nasci? Disso não me lembro, faz tempo. Interiorana, filha de agropecuaristas, levava uma vida simples. Não se falava de políticas sociais e cidadania; isso era coisa de capital. Na zona rural, interior do Mato Grosso do Sul, o máximo disponível de informação era a *Hora do Brasil* no rádio ou um jornal e revista com muito atraso.

É em uma escola pública que inicio esse caminhar rumo ao crescimento transformador. A transformação surge quando nos damos conta de que há algo errado. Na infância, o solo fértil e favorável para essa caminhada é a escola.

Professora, material escolar, primeiro livro, cartilha! Todos de uniforme, alguns com lápis colorido, outros não, e borracha com cheiro de doce! Tudo é novo, momento de fazermos amigos, pois todos somos iguais; só que não!

A hora da merenda, horário distinto do recreio, era muito diferente. Ofereciam sopa, mas tomar sopa às dez da manhã não fazia sentido. Ia para a escola bem alimentada, assim não entrava na fila para pegar a merenda. Quando um coleguinha me pede para pegar a sopa e dar a ele, já que não era permitido repetir, entendo então que tinha algo errado e descubro o que é desigualdade social.

Com o passar do tempo, revezava a sopa com seis crianças, ou seja, não era um coleguinha que passava fome e pedia o prato extra, eram muitos. Algumas, acredito que por vergonha, não pediam. Sim, uma vergonha uns terem tanto e outros tão pouco. E como mudar isso?

Reconheço que na sala de aula éramos todos iguais, líamos a mesma cartilha, mas fora da escola tínhamos realidades muito diferentes. Com o passar do tempo, doação de roupas e sapatos fazia parte da rotina corriqueira na escola. Os livros também eram compartilhados, pois a cartilha tinha que durar três anos na rede pública. Imagino que quem a recebia no último ano não sentia o mesmo encanto.

Patrícia Ocáriz

Aprendo cedo que por meio da educação podemos mudar a realidade e nos fazer ouvintes e participantes da mesma história. Assim, aprendemos que podemos ser cidadãos do mundo, sem nos distanciarmos da nossa essência.

Nasce então uma voluntária. Normalmente, o primeiro contato com o voluntariado é por meio de ações assistenciais, participando de campanhas de doação de alimentos, agasalhos e outras tantas. Muito importantes essas ações, mas normalmente não são transformadoras. Como fazer para esse elefante, que ergueu a cabeça e tomou conhecimento do mundo em que vive, se levantar e voar?

Voluntário inovador ou inovação voluntária?

De acordo com as Nações Unidas, voluntário "é o jovem, adulto ou idoso que, devido a seu interesse pessoal e seu espírito cívico, dedica parte do seu tempo, sem remuneração, a diversas formas de atividades de bem-estar social ou outros campos".

Em uma visão mais contemporânea, penso que o voluntário passa por atuação social e política, que visa à transformação do *status quo*, no qual o indivíduo deixa de ser orientado e assistido e passa a ter uma vida de poder pleno para decidir quando e como ele quer utilizar os instrumentos que os capacitam na função de cidadão.

Há várias formas de se mudar uma realidade. Ganhar na loteria, por exemplo, ou ficar milionário em um sorteio, mas pense: quantas fortunas foram perdidas por falta de preparo para assumir uma outra realidade? A educação não tem somente o papel de alfabetizar, mas pode e deve estimular o poder de desenvolver o pensamento crítico, transformando o ser em participante (e não apenas participado) de suas decisões.

É preciso inovar. Não podemos nos curvar diante de ações assistenciais e nos conformar; este não pode ser um propósito a perseguir. O elefante não voa se não formos cidadãos participantes desse processo, pois podemos mais.

A vida acadêmica é a grande alavanca para o sucesso desse projeto de vida. Escolher ser feliz na sua profissão faz toda a diferença quando você se torna um voluntário. Sabe aquelas perguntas que fazemos na adolescência: O que eu estou fazendo aqui nesse mundo? Nasci por quê? Para quê? Qual sentido tem a minha vida? Depois, simplesmente esquecemos ou nos acomodamos, enfronhados na rotina. É essa a primeira mudança que devemos buscar como voluntário: não abandonar aquela inquietude da juventude. Um verdadeiro voluntário acredita ser capaz de transformar o mundo.

Afinal, é verdade a máxima de que não temos tempo para nada e que nossa prioridade única devem ser o sucesso profissional, nossa formação e a estabilidade financeira?

Não, isso tudo pode andar junto, um complementando o outro. Aproveitar os momentos que temos para olhar para fora da nossa bolha é ser disruptivo. Otimizar nosso tempo abre portas, inclusive quando estamos nos divertindo. As viagens, por exemplo, agregam conhecimento intrínseco, tão importante para uma intervenção. Faça um pacto consigo mesmo: além de trazer lembranças de momentos maravilhosos e fotos incríveis, agregue o conhecimento. Busque olhar em volta e encontrar as pessoas que vivem como invisíveis. Como você as enxerga de fato?

Às vezes precisamos nos preparar, esperar o tempo certo, para depois assumirmos a missão de ser voluntário. Intensifico minha busca, logo que termino a faculdade de Serviço Social. Aprender a diferença de ação assistencial e assistência social fez toda a diferença. Nascemos semelhantes, mas por que nos tornamos seres tão diferentes? Provavelmente existem milhares de teses para essa resposta, mas todas elas passarão pela educação e pelas oportunidades.

Recém-formada, aceito coordenar como voluntária o Projeto BB Educar, iniciativa da Fundação Banco do Brasil buscando alfabetizar adultos que não tiveram acesso à educação. O trabalho de coordenar dez turmas – cerca de 300 pessoas, sendo cinco turmas em tribos indígenas – não era simples, mas além da formação acadêmica, tinha experiência em projetos.

Em todas as turmas, me apresentava, entregava o material escolar, explicava que não estavam recebendo uma ajuda, que era um direito de todos garantido na Constituição. Destaco dois momentos de aprendizagem na coordenação: o primeiro dia de visita e a passagem por uma turma indígena. Logo na primeira turma, encontro Maria, uma senhora no auge de seus 81 anos, sentada na primeira carteira com seu caderninho, lápis e um sorriso lindo. Quase que pulando da boca, uma pergunta óbvia saiu sem pensar: "Dona Maria, para a senhora por que é importante saber ler e escrever?". A resposta soou como uma sacudida para que nunca desistisse dos meus propósitos. "Para ser livre, minha filha!", respondeu Dona Maria.

Senti a alma chacoalhar, o corpo se arrepiar e uma lágrima cair sem perceber. Não existe liberdade maior do que saber ler e escrever. O elefante de Dona Maria voaria sem nenhuma dúvida, pois ela, sábia que era, não se importou com os obstáculos que iria cruzar; foi atrás do que seria impossível e

Patrícia Ocáriz

sentou-se na primeira fila no dia da formatura, orgulhosa por ter se tornado livre e cidadã do mundo.

Em uma outra turma, dentro da aldeia indígena, uma passagem engraçada e engrandecedora. Era papel da coordenação distribuir o material, explicar o projeto, entender as expectativas e ser a ponte entre o aluno, o professor e o projeto. Gostava dessa interação, extremamente importante esse convívio. Apresentei-me como de costume e recebi sorrisos, eram todos amáveis e acolhedores, porém não falavam nada, não respondiam. Sorrisos largos, me olhavam com admiração, mas nenhuma palavra. Foi aí que o professor, também indígena e uma referência na tribo, me disse: "Não se preocupe, eles não falam português". Fica o aprendizado básico: é preciso conhecer e entender a realidade para poder transformá-la.

Vale aqui uma pausa para conhecer melhor o que significou esse projeto em áreas indígenas e como foi desafiador estender essa ação. Qualquer trabalho na reserva necessitava de autorização da Funai para ser realizado. Os materiais eram todos revistados. Uma forma de se preservar a cultura e proteger a área indígena de aproveitadores. A alfabetização em português e na língua-mãe dava a eles a oportunidade de crescimento pessoal e a certeza de poder manter sua cultura sem se desprender do mundo fora da aldeia e se tornar vítima dele.

Participar e dar ao outro a oportunidade de transformar sua vida, torná-lo conhecedor de seus direitos e suas responsabilidades, para que se reconheça como cidadão, é um propósito que exige olhar crítico e comprometimento.

Tempo livre é tempo de inovação?

Isso depende de como você quer encarar seus desafios na vida. Adubar a terra, semear, regar, cuidar e colher os frutos. Todas essas são fases de um projeto que você pode participar. Assumir parte desse plantio significa se responsabilizar, fazendo seu melhor como voluntário.

Em 2020, conheci o Instituto Bem Viver em São José/SC, inicialmente por meio de uma ação assistencial no Natal. O Instituto Bem Viver é uma entidade não governamental, sem fins lucrativos, para pessoas com câncer em situação de vulnerabilidade social.

Inicialmente, assumi um trabalho ocupacional, parte de um projeto de convivência e fortalecimento de vínculos do instituto. Utilizei o bordado, que aprendi quando criança, para ensinar as senhoras. Em alguns meses, era possível ampliar a visão. Além da instrumentalização, incorporamos o incentivo à comercialização das obras de arte produzidas para compor renda.

O grupo, que denominamos "Meninas Prendadas", merece uma homenagem, pois elas foram disruptivas, aceitaram o desafio de aprender algo novo, mesmo com dificuldades. Na pessoa de Dona Olga, com 82 anos, bordadeira de mão cheia, veio a certeza de que é possível aprender e ir além, mostrar que ser disruptivo não tem idade, desenvolvendo uma técnica de bordar que nunca tinha visto. O elefante de Dona Olga voa alto.

Como fazer mais? Como apoiar a família das pessoas assistidas? Observei que algumas crianças também circulavam por ali. Aguardavam na recepção enquanto as mães, tias ou avós estavam em atendimento terapêutico, orientação nutricional, atividades ocupacionais ou no apoio social.

Tempo é algo precioso ao voluntário de alma. Tempo ocioso não existe, pois ele precisa agir, fazer algo, não deixar a inquietude morrer, senão ele morre junto. A primeira fase da transformação vem com o questionamento: o que fazer para intervir nessa realidade, sem atrapalhar o trabalho maravilhoso que o instituto faz, sem sobrecarregar o andamento diário, sem impactar as verbas da instituição que, como toda ONG, vive de arrecadações?

Dificuldade e criatividade vivem juntas na mente do voluntário, como criança e livro para educação. Ser disruptivo então é sobreviver. Não demorou quase nada para avistar um local que uniria as crianças ao que mais acredito ser capaz de transformá-las: educação. Escondido embaixo da escada, havia um espaço ocioso; aí foi fácil. A inovação como instrumento disruptivo transformou o vazio de tempo do espaço no "Canto das Letrinhas", a biblioteca infantil da instituição.

Como já mencionei, ociosidade é uma palavra que não existe no dicionário do voluntário, que por essência é disruptivo. Da mesma forma que não se pode ser utópico a ponto de abraçar o mundo sozinho, devemos utilizar aqueles preciosos anos de experiência profissional, capacitação e estudos em prol de uma Ação Transformadora da Realidade.

Como disse o poeta e professor John Donne, "nenhum homem é uma ilha". Buscar reforços e agregar outros voluntários a suas ações é o que realmente transforma iniciativa em fato. O trabalho em busca de outros apoiadores é de formiguinha; busca-se um ali no grupo de vizinhos, outro no trabalho, na escola dos filhos, parentes, amigos. Logo se descobrirá que não faltam voluntários escondidos onde você nunca imaginaria encontrar, para compor a ação transformadora. A biblioteca "Canto das Letrinhas" tem aproximadamente 250 livros. As estantes, tapete, pufes, tudo foi doado e transformado em um novo ambiente. Parece pouco, mas antes era vão de escada e criança parada. Esse movimento não ocorre do dia para a noite, mas ao sair da zona de conforto, ao se buscar a união em prol do bem comum, você encontrará muitas mãos para ajudá-lo a ser disruptivo. Acredite: existem outros tantos voluntários que podem e querem fazer algo pela humanidade.

O primeiro passo é acreditar que você é uma célula; afinal, é assim que se inicia uma nova vida. Use suas habilidades já desenvolvidas e acrescente outras células com outras habilidades, compartilhe sua ideia, coordene, ceda, se imponha, ouça, aceite opiniões, mas não fuja do seu objetivo. Acolher ideias novas significa crescer e fazer crescer.

Hoje, quando passo pela biblioteca "Canto das Letrinhas" e vejo aquela área transformada toda bagunçada, com livros sobre a mesa e vida ativa, lembro-me das sábias palavras de Dona Maria de que ler nos faz livres. São muitos elefantes voando; a biblioteca está dando oportunidade àquelas crianças de viajarem e conhecerem outros mundos, sentir prazer e receber educação de qualidade por meio da literatura.

A educação pode salvar vidas. Todos nascemos iguais, sem máculas ou vícios. O que nos faz crescer e sermos cidadãos da nossa própria existência sempre passou e passará pelas oportunidades educacionais que tivermos e pela forma disruptiva de vivermos a vida sem medo.

Você se encontrou nesta leitura? Acredite: você é célula transformadora, voluntário de alma, capaz de inspirar outros tantos voluntários e fazer seu elefante voar alto. Seja parte desse propósito do voluntariado e deixe sua digital de sucesso e inovação no mundo.

21

APRENDER, DESAPRENDER E REAPRENDER
A NOVA REALIDADE

Alvin Toffler, escritor norte-americano (1928-2016), expressou seu pensamento sobre a educação: "O analfabeto do século XXI não será aquele que não consegue ler e escrever, mas aquele que não consegue **aprender, desaprender** e **reaprender**". Essa é a ênfase atual nos ambientes organizacionais, educacionais e pessoais.

PEDRO CARLOS DE CARVALHO E
TÂNIA MARIA GEBIN DE CARVALHO

Pedro Carlos de Carvalho

Contato
pedrocarvalhorh@yahoo.com.br

Mestre em Administração – Unisal, pós-graduado em Educação a Distância – Unip; graduado em Administração – ESAN (Escola Superior de Administração de Negócios). Professor na graduação, MBA e pós-graduação. Autor de oito livros e coautor em outros 26 livros. Diretor da Colocar RH e da AARC (Associação dos Administradores da Região de Campinas). Autor de artigos sobre Recursos Humanos. Foi gerente de recursos humanos da Sony, Singer e Alcatel Cabos. Ministra cursos e palestras.

Tânia Maria Gebin de Carvalho

Contato
taniamgebin@yahoo.com.br

Mestre em Educação – Puc-Campinas; pós-graduada em Gestão Escolar – Universidade Anhembi Morumbi (SP); graduada em Letras – Puc-Campinas e em Pedagogia pela Faculdade de Ciências e Letras Plínio Augusto do Amaral. É coordenadora do Curso de Pedagogia e do Enade: Unimetrocamp. É professora de Graduação e Pós-graduação na Unimetrocamp e na Unip (Campinas). Foi vice-diretora pedagógica da Fundação Bradesco de Campinas. É coautora de livros sobre educação, gestão de pessoas e *coaching*.

Para prof. dr. Rodrigo Girondo.

Em pleno século XXI, observamos intensas mudanças processadas envolvendo aspectos, critérios e particularidades relacionados à vida pessoal e às atividades profissionais.

Quantas transformações já foram implementadas após o surgimento, desenvolvimento e consolidação dos processos de globalização, abrangendo pessoas, empresas, governos, famílias e a sociedade em geral?

Desde meados da década de 1990, com o advento da globalização, vivenciamos novas emoções, novas necessidades, novos requisitos, novas competências, novos sistemas educacionais; enfim, novas formas de sustentação pessoal e profissional em um mercado nacional e internacional em transformação.

No ambiente organizacional, até o final da década de 1980, predominava o CPD (Centro de Processamento de Dados), cujo papel era atender às solicitações das diversas áreas da empresa, gerando listagens e demonstrativos informatizados necessários para as operações empresariais.

Eram utilizadas as máquinas de datilografia manual e elétrica, fac-símile, telex, telefones com fio, mimeógrafo a álcool, impressora *offset* e tantos outros equipamentos considerados imprescindíveis naquela época.

Surgiram o videocassete e a câmera filmadora, destaques da inovação nas décadas de 1980 e 1990. Foram lançados o Compact Disc, substituindo as fitas cassete, e o CD player, equipamento de som com poderosas caixas acústicas que inundavam o ambiente com muito som de qualidade.

A circulação pelas ruas foi aprimorada com novos modelos de veículos que causavam admiração por onde passavam. Surgiu o etanol, trazendo muita satisfação ao nosso país, por ter sido o primeiro a utilizar esse produto. Que orgulho!

Quantas novas organizações foram instaladas no Brasil nas décadas de 1970, 1980 e 1990? A Zona Franca de Manaus assistiu à instalação de muitas empresas que geraram uma onda de emprego nunca vista anteriormente, levando o desenvolvimento àquela região amazônica.

E o mercado de trabalho? Novas empresas, novos cargos, novas perspectivas de carreira profissional para muitos. Era possível escolher, entre as vagas anunciadas nos jornais especializados, as oportunidades de trabalho mais apropriadas para o perfil profissional dos interessados.

Com a globalização, as empresas tornaram-se mais rigorosas, exigindo dos candidatos a emprego novas competências e habilidades necessárias para as carreiras profissionais. Surgiu o conceito da empregabilidade e o debate sobre as *soft skills* (habilidades interpessoais) e as *hard skills* (capacidades técnicas).

Conforme enfatiza Bergamini (1997, p. 17), "num ambiente de tantas incertezas, as pessoas sentem que é necessário acreditar em si mesmas para que possam ter condições de assegurar algum desempenho dentro do contexto pós-industrial em que se encontram".

Foi extremamente relevante a cada profissional a capacitação nos recursos informatizados, para saberem providenciar listagens, demonstrativos, estatísticas, indicadores, relatórios, trabalhos diversos, bem como para o uso da mídia digital.

A área de computação passou a ser denominada de Tecnologia da Informação, com sua principal atribuição residindo no suporte ao usuário e não mais simplesmente no fornecimento de listagens, como era realizado anteriormente.

Mudaram-se as práticas de benefícios, com a implantação de políticas importantes e apropriadas aos empregados, como auxílio-creche, bolsa de estudos, previdência privada, convênio odontológico, convênio farmácia, empréstimos e a PLR (Participação nos Lucros ou Resultados), entre outros.

No aspecto remuneratório, surgiram novos e estratégicos planos de remuneração, agregando mais valor aos trabalhos e aos profissionais envolvidos, como:

- **Remuneração funcional:** ajustada pelo mercado, é conhecida como Plano de Cargos e Salários, tendo como princípios a descrição e a avaliação de cargos, pesquisa salarial, a estrutura salarial e a política salarial.
- **Remuneração por competência:** prática adotada por empresas que atuam em ambientes competitivos, consistindo no estudo do comportamento dos empregados e identificando o que os diferencia dos demais. Esse sistema é aplicado geralmente aos níveis executivos e tem como princípio a liderança do segmento empresarial.

- **Remuneração por habilidades:** desenvolvida por empresas com estruturas de multifuncionalidade e aprendizagem organizacional contínua. O foco está nas habilidades (*pay-for-knowledge*) das pessoas e que determinam a base da remuneração. Os reajustes salariais estão vinculados às aptidões e aos conhecimentos agregados e comprovados.
- **Remuneração por desempenho:** voltada às empresas com direcionamento para Sistemas de Indicadores de Desempenho Organizacional, de equipes e individuais. As metas de desempenho ficam vinculadas aos lucros ou aos resultados das organizações.

As relações sindicais se intensificaram, com decisivas reuniões entre empresas e sindicatos, visando a celebração de acordos essenciais para o atendimento às necessidades da classe patronal e trabalhadora.

E surgiram novas formas de identificação de estratégias empresariais, como:

- *Approach*: abordagem; forma para lidar bem com alguma situação.
- *Assessment*: avaliação das competências de empregados da empresa, buscando melhorias da gestão das equipes.
- **B2B (ou BTB):** *Business to Business*. Ou seja, negócios entre duas empresas/organizações.
- **B2C (ou BTC):** *Business to Consumer*. Negócios entre uma empresa que produz ou entre um produto a um consumidor final/pessoa física.
- *Backoffice*: equipe de suporte de uma empresa, que normalmente não tem muito ou quase nenhum contato direto com clientes.
- *Benchmarking*: procedimento de pesquisa para aperfeiçoar os produtos, serviços ou processos de um setor de uma empresa, comparando-os com concorrentes diretos.
- *Brainstorm*: reunião de um grupo para debater ideias criativas.
- *Business Intelligence*: processo de coleta de dados e de seu uso, de maneira organizada, para a gestão e a tomada de decisões da empresa.
- *Business Meeting*: reunião de negócios.
- *Business Plan*: Plano de Negócios da empresa.
- *Chairman*: presidente do conselho de uma empresa.
- *Coaching*: estratégia muito utilizada atualmente, que consiste no aconselhamento de carreiras para as pessoas.
- *Compliance*: forma de agir de acordo com as normas da empresa.
- *Controller*: área responsável pelas atividades desenvolvidas pelo setor de Contabilidade e Finanças; e, em algumas empresas, a inclusão de outras áreas como Gestão de Pessoas, Sistemas de Informação e Materiais.
- *CRM (Customer Relationship Management)*: é o Gerenciamento do Relacionamento com o Cliente. Ferramenta estratégica para fidelizar clientes.
- *Data Warehouse*: sistema utilizado para depósito e análise de grande número de dados.

- **Downsizing**: eliminação de níveis hierárquicos, obtendo-se a adequação dos níveis de supervisão extremamente reduzidos e mais funcionais para as operações empresariais.
- **Empowerment**: empoderamento das pessoas em suas atividades profissionais.
- **Headcount**: estatística que indica o número de empregados de uma empresa.
- **Headhunter**: consultor especializado na contratação de profissionais talentosos.
- **Headquarter**: sede da empresa.
- **Kanban**: sua origem é japonesa, significando "sinalização" ou "cartão", que é utilizado para a necessária indicação e acompanhamento da produção dentro das empresas. Trata-se de um sistema visual que tem por objetivo possibilitar o gerenciamento do trabalho, conforme ele se move pelo processo.
- **Mentoring**: estratégia de orientação profissional aos jovens talentos.
- **Merchandising**: conjunto de atividades e técnicas mercadológicas pertinentes à colocação de um produto no mercado em condições competitivas, adequadas e atraentes para o consumidor.
- **Networking**: compreende a atividade de cultivar uma rede de contatos.
- **Programa 5 S**: criada no Japão, ensina a organizar a empresa, enfocando aspectos relacionados a ordem, organização, limpeza, disciplina e responsabilidade, traduzidas pela adoção de cinco palavras japonesas escritas com a letra S, ou seja: Seiri, Seiton, Seiso, Seiketsu e Shitsuke.
- **Performance:** palavra adotada no momento para identificar padrões de desempenho pessoal e empresarial.
- **Scanner**: ferramenta de captura, utilizada na digitalização de documentos, ou seja, na conversão de documentos do papel para uma imagem digital.
- **Software**: conjunto de instruções que devem ser observadas e desenvolvidas por um mecanismo, seja ele um computador ou um aparato eletromecânico.
- **Workaholic**: profissional fanático por trabalho.

Estas são algumas das expressões que passaram a ser utilizadas no ambiente organizacional, nos negócios e no relacionamento com as pessoas.

E as mudanças registradas, que continuam acontecendo na educação?

O Brasil iniciou os estudos acerca da inserção da informática na educação na Universidade Federal do Rio de Janeiro, em 1966, quando se discutiu a utilização de computadores em atividades acadêmicas, por intermédio do Departamento de Cálculo Científico, resultando no Núcleo de Computação Eletrônica (NCE). Desde então, o país vem assistindo à introdução dos recursos informatizados na educação, gerando múltiplas ações, como: aulas on-line, desenvolvimento de pesquisas, redação de textos, criação de desenhos, realização de cálculos e até mesmo a simulação de fenômenos. Assim, é possível afirmar que as utilidades e benefícios do computador tornaram-no um indispensável e requisitado recurso pedagógico.

Na educação, a adoção do computador e o acesso à internet propiciam ao professor e à instituição de ensino a possibilidade de implementação de novos e atualizados processos de ensino-aprendizagem, com mais inovação e criatividade, impelindo os alunos para a descoberta de novas e atraentes alternativas relacionadas à aquisição do conhecimento.

Existem diversas questões pertinentes à informatização da educação, como:

- Não existe limite para a busca da informação, pois os recursos disponibilizados nos softwares e informática oferecem uma multiplicidade de informações.
- A informática agrega valor à educação como mais uma fonte de referência para a informação e para a busca do conhecimento.
- Os professores e outros colaboradores da educação passaram a desenvolver recursos pedagógicos e competências, tais como:
    * Prospecção de temas interessantes aos discentes.
    * Investigação e incentivo à relevância do conhecimento.
    * Domínio dos sistemas computacionais.
    * Identificação da validade do uso dos recursos computacionais na educação, de modo a favorecer a relação ensino-aprendizagem.

Cresce consideravelmente o uso e a importância do ensino a distância, um novo recurso educacional que propicia aos professores e alunos, mesmo distantes, física e temporalmente, a prática dos processos de aprendizagem utilizando a tecnologia de informação. Todo esse movimento foi enormemente acelerado com a introdução do uso do *smartphone*, visto que passou a ser possível fazer todas as conexões, onde quer que a pessoa esteja, dando instantaneidade às ações que necessitavam anteriormente de um computador de mesa ou um *laptop*. É possível afirmar que aqui houve uma nova disrupção. Com isso, os ambientes digitais de aprendizagem são uma nova realidade na área da educação, pois ainda permitem, além de tornar os horários flexíveis, custos e mensalidades mais acessíveis, o protagonismo do estudante no processo de ensino-aprendizagem.

Os diferentes sistemas de videoconferência, que favorecem a realização de reuniões, aulas, conferências virtuais, trabalho em *home office* etc., representam um mercado em expansão; entre os múltiplos sistemas disponíveis, destacam-se: Google Hangouts, Microsoft Teams, Skype, Zoom Meetings etc.

Seja no desenvolvimento de atividades organizacionais ou educacionais, é imprescindível que todos estejam atentos a tantas mudanças que impactam o trabalho e os estudos, visando à devida adequação aos novos ambientes e à possibilidade de alcance do sucesso desejado.

Realmente, vivenciamos momentos disruptivos, que requerem de todos a devida atenção quanto à sua relação com a sociedade, empresa, educação, enfim, com esse mundo globalizado.

Segundo Carvalho (2011, p. 144), todos devem estar cientes da importância da reflexão, da revisão de procedimentos e da retomada ou intensificação da busca de sua apropriada e necessária competência, visando, dessa forma, aumentar e valorizar o profissionalismo e a capacitação, seja na busca de novas oportunidades, como na manutenção e até mesmo na ascensão funcional dentro da empresa.

O momento exige de todos, prioritariamente, uma visão adequada para aprender, desaprender e reaprender.

Referências

BERGAMINI, C. W. *Motivação nas organizações*. 4. ed. São Paulo: Atlas, 1997.

CARVALHO, P. C. *Empregabilidade – a competência necessária para o sucesso no novo milênio*. 7. ed. Campinas: Alínea, 2011.

22

INOVAÇÃO É A NOVA ESTRATÉGIA

Neste capítulo, os profissionais encontrarão as razões e formas de gerar inovação, porque ela é mais importante do que qualquer estratégia corporativa nos dias de hoje. A inovação está mudando o mundo e, em qualquer área de atuação, não podemos negligenciá-la.

RODRIGO COELHO

Rodrigo Coelho

Contatos
rodrigomcoelho@gmail.com
21 99467 3838

Engenheiro de produção pela UFF (2004), com pós-graduação em Formação Executiva em Inovação pela FGV-RJ. *Scrum master* certificado pela ScrumMaster Alliance. *Designer Thinking Experience* pela Echos. Atua como investidor e mentor de *startups* desde 2014, colaborando com o ecossistema de inovação do Rio de Janeiro. Desde 2006, na Petrobras, participa de iniciativas de inovação e empreendedorismo, e de startups internas e externas, nas quais atua com métodos como *design thinking*, *design sprint* e métodos ágeis.

Todos nós já ouvimos falar de empresas que já perderam sua relevância no mercado atual, ou até mesmo deixaram de existir. Kodak e Blockbuster são casos de organizações que viram desaparecer sua presença na vida de milhares de clientes pelo mundo. Mas o que elas fizeram (ou deixaram de fazer) para que isso acontecesse com elas?

Atualmente, as tecnologias habilitaram várias empresas (e até pessoas) a ter um impacto gigantesco na vida de milhares (e até milhões) de pessoas simultaneamente. Essas tecnologias são conhecidas como "Tecnologias Habilitadoras", justamente por dar alcance a um número grande de indivíduos e clientes, coisa inimaginável há alguns anos.

Redes Sociais, Blockchain, Inteligência Artificial, Computação em Nuvem, Robótica etc. estão transformando o mundo atual, e estamos apenas no começo dessa revolução chamada de Indústria 4.0.

Hoje, uma pequena *startup* pode sim incomodar, e em algumas vezes até mesmo desbancar uma gigante já estabelecida. Isso acontece porque as tecnologias são hoje muito mais acessíveis que em outros tempos. E mesmo uma empresa pequena pode crescer rapidamente em um mercado em que somente grandes corporações atuam. Quando usamos tecnologia, nosso poder de entrega e nossa proposta de valor ficam substancialmente aumentados, igualando as forças entre os agentes que competem com a mesma proposta de valor.

Quer um exemplo? Pense no Nubank e no Itaú. Qual é a diferença básica entre os dois? O que um cliente espera de serviços bancários quando pensa em qualquer um dos dois bancos?

Basicamente, o que eles entregam é quase a mesma coisa: cartão de crédito, financiamentos, investimentos etc. Mas o que os difere está em COMO eles entregam esses serviços financeiros. Usando a tecnologia Mobile e sem nenhuma agência física, o Nubank entrega praticamente a mesma proposta de valor de serviços financeiros, coisa que o Itaú também faz. Mas sem os custos altíssimos de pontos comerciais, com muitos menos funcionários e com uma linguagem acessível para população brasileira, majoritariamente desbancarizada e sem conhecimentos sobre o funcionamento do sistema financeiro. Isso fez que o acesso ao banco fosse muito mais facilitado do que a uma instituição bancária tradicional. Nesse caso, a tecnologia igualou as forças do Davi e do Golias, e hoje o Nubank já conta com uma base de aproximadamente 54 milhões de clientes. Quase que o mesmo número que o Itaú. Com a diferença de que o Itaú tem 91 anos de vida, contra 9 do Nubank. Um baita feito, não é? Esse exemplo mostra que tais tecnologias habilitadoras deixam sim as coisas em um razoável nível de igualdade entre os entrantes e os já estabelecidos em um mercado. E qual ESTRATÉGIA tomar para que isso não aconteça com sua organização ou para você como profissional?

A mesma dos dois bancos acima: INOVAR! Conforme apontado no título deste texto.

Por que algumas organizações são disruptadas?

Indo bem direto ao ponto: porque elas não evoluem suas propostas de valor por meio da inovação! E qual é o segredo para começar a jornada da inovação da proposta de valor?

O segredo é ter todas as suas ações centradas no usuário! Mas só isso é suficiente? Muitas empresas têm modelos de gestão focadas no cliente e não inovam. Com certeza, só isso não é suficiente, mas é precondição para começar a inovar. Então, afinal, o que é preciso para inovar?

Para começar a inovar é preciso colocar o cliente no centro da construção de novas soluções e produtos, e assim entender cada vez mais sua realidade e expectativas. Em seguida, é necessário realizar testes e experimentações para colocar à prova as novas propostas de valor construídas de maneira contínua. E com isso aprender o que atende melhor o cliente e sempre evoluir. Esse processo proporciona uma diferenciação das propostas de valor dos concorrentes e gera vantagem competitiva para o inovador.

Quando as empresas centram sua gestão no usuário e todas as decisões da companhia são orientadas por ela, cada prática interna é estabelecida visando gerar valor e orientada pelos requisitos que o cliente busca.

Qualquer ação que não justifique um desses requisitos será apenas desperdício de recursos valiosos para a companhia.

A prova disso é o famoso vídeo de Jeff Besos, fundador da Amazon, e sua famosa mesa de trabalho. Se você assistiu ao Programa 60 Minutes da TV norte-americana, em 1999, que entrevista o empresário, constatou, nessa oportunidade, que o entrevistador, ao ver a mesa de trabalho de Besos, observou que um dos pés da mesa não pertencia à mesa original, mas que era uma grande gambiarra do escritório da Amazon. Nessa entrevista, ele pergunta intrigado:

Por que sua mesa tem um pé trocado? Afinal, a Amazon já é uma empresa milionária!

Ele responde:

— Para servir como exemplo de que não podemos gastar um dólar sequer se ele não gerar valor para nosso cliente!

O que poderia ter sido apenas um exemplo de alguém bastante sovina, na verdade carrega uma mensagem muito importante para todos os colaboradores daquela organização: o discurso de que o cliente vem em primeiro lugar não é apenas uma frase de efeito![1]

Mas como fazer para inovar colocando o cliente no centro das soluções? A resposta está em "calçar seus sapatos" (*put yourself in someone shoes*). Essa expressão é muito usada na língua inglesa para demonstrar uma prática que todos nós (pessoas e organizações) temos que exercitar: empatia!

Ter empatia como ferramenta de negócio faz os colaboradores entenderem profundamente o que o cliente quer ao procurar seu produto ou serviço. E na Amazon os dados coletados dos clientes servem exatamente para entender o que ele quer.

O último passo para gerar inovação sem ser disruptada é a experimentação de novas propostas de valor.

Experimentando de maneira segura e com um pequeno grupo de clientes, colhendo seus *feedbacks* e principalmente observando seu comportamento na vida real (com e sem o uso de um protótipo) é que os *insights* aparecem e as novas propostas de valor são aprimoradas. A inovação não é um momento "Eureca!", mas sim uma incessante busca por novas formas de se resolver melhor os problemas do cotidiano.

Então todas as organizações serão disruptadas?

Definitivamente, não. Algumas irão se adaptar e outras por sorte nem serão ameaçadas simplesmente por não aparecerem possíveis concorrentes mais inovadores do que elas.

Mas não é nada bom contar com a sorte. Até porque a inovação tem sim seus riscos, e pode ser altamente lucrativa no longo prazo, quando realizada da maneira correta. Mesmo sem possíveis ameaças, a inovação sempre irá

---

[1] Você pode assistir ao vídeo pelo link: https://www.youtube.com/watch?v=K23LDJsCgjU

entregar "mais e melhores notas fiscais" para a organização, já dizia o professor da CESAR School de Recife, o grande Silvio Meira. Porém, podemos afirmar que as empresas que continuarão a ser relevantes e lucrativas serão aquelas cujas inovação e busca de novos produtos inovadores estejam no dia a dia de toda a organização. Sempre buscando meios de entregar propostas de valor para o cliente cada vez melhores que as dos seus rivais, sejam eles concorrentes diretos ou não.

A inovação criando oceanos azuis para os novos entrantes

Ao buscar a inovação contínua, a organização sempre estará à frente dos seus concorrentes e seus produtos terão propostas de valor únicas, proporcionando assim que seus produtos sempre tenham o interesse de potenciais clientes. Isso fará que se distanciem de um oceano vermelho – em que os concorrentes se "ensanguentam" por clientes e fatias de mercado, em uma lógica restrita a um determinado território ou mercado – ao criarem seus próprios oceanos azuis por meio da inovação e da centralidade do usuário na criação dessas soluções inovadoras.

Pense em como a Apple inovou quando seu fundador Steve Jobs criou o iPhone. Lá em 2007, no seu lançamento, não havia telefones com uma tela que pudesse ser manuseada apenas com os dedos, nem que oferecesse tantas possibilidades. Um verdadeiro oceano azul foi criado para a Apple com essa inovação, e até hoje ela continua aperfeiçoando e incrementando sua proposta de valor com o iPhone para se distanciar dos rivais que a seguiram logo após o iPhone ser lançado no mercado.

Por que o antigo modelo das 5 forças de Porter caducou?

Você talvez conheça o antigo modelo das 5 forças de Porter. Nesse modelo, tínhamos os seguintes atores que compunham tal teoria: Rivalidade entre os concorrentes, Negociação com clientes, Negociação com fornecedores, Ameaça de novos concorrentes e Ameaça de produtos substitutos. Esse conceito afirma que, uma vez dentro de determinado mercado, uma empresa o disputaria apenas com os concorrentes já localizados em determinado ramo. Considera-se até a possibilidade de haver novos concorrentes e produtos substitutos, mas nada disso se compara com o poder da inovação para desbancar esses elementos.

Você já parou para pensar como um buscador famoso da internet hoje em dia nos fornece tantos serviços que nem poderíamos imaginar? De óculos vestíveis a sistemas operacionais Android, e até mesmo carros autônomos. Isso para dizer que é apenas o começo.

O poder de Inovação do Google é surpreendente, e sua inovação vai muito, mas muito além das fronteiras da internet. Simplesmente não há fronteiras de mercado que façam que uma empresa como o Google seja impedida de entrar! Ela simplesmente tem passagem livre por todos os mercados. E em muitos casos ela chega e desbanca os já estabelecidos, ou os incumbentes, como os chamava o renomado professor Clayton Christensen, da Universidade de Harvard.

As 5 forças de Porter não existem para o Google, e todas as organizações também devem pensar assim se quiserem continuar vivas no longo prazo.

Outro caso famoso é o da Amazon. Ela nos provou que uma empresa de *e-commerce* de livros consegue hoje até levar pessoas à Lua.

Na sua loja física, Amazon Go, é possível hoje o cliente entrar, pegar os produtos que quiser e sair sem pegar nenhuma fila e com a conta debitada diretamente no aplicativo do seu celular. Com grau de precisão incrível, os produtos que são retirados das prateleiras são contabilizados na conta do cliente, mesmo se ele desistir de levar determinado produto. Dizem que chega a ser engraçado ver as pessoas retirando e colocando os produtos das gôndolas e verificarem que o aplicativo faz a correta notação do produto escolhido (ou devolvido).

Você reparou na palavra "física" no início do parágrafo anterior?

Se a Amazon ainda fosse somente uma empresa que vendia livros pela Internet, essa loja física com certeza não existiria. É esse o poder da inovação dos negócios: novas soluções que podem gerar novos produtos ou até mesmo novos negócios em qualquer segmento. A verdadeira inovação sem fronteiras.

A inovação é o que vai levar sua organização para um outro *game*.

Primeiro precisamos destacar que existem basicamente três tipos de inovação:

Inovação incremental: onde os produtos e serviços já existentes são melhorados continuamente, a ponto de gerar uma entrega além das expectativas atuais dos clientes, ou *overdeliver*, como descrito no famoso livro *O dilema da inovação,* de Clayton Christensen.

Essa entrega "extra" não necessariamente gera mais receita para as empresas; na verdade, quase sempre é "só" mais um extra. Quer um exemplo?

Você usa todos os aplicativos do seu *smartphone*? Pois é, quase ninguém usa todos. Isso é *overdelivery*. E isso nem é o que de fato define se compramos ou não determinado aparelho. Mas estão lá, ocupando espaço de memória nos nossos dispositivos.

Inovação de processo: é quando conseguimos aplicar a inovação no processo produtivo de construção do produto ou serviço que entregamos. Isso gera vantagem competitiva sobre os rivais, pois podemos fazê-lo com custos menores, em menor prazo, e até em um volume maior. Mas no momento em que essa inovação se dissemina no mercado, e todos os atores começam a usá-la, essa vantagem desaparece. Torna-se assim uma vantagem temporária.

Inovação de modelos de negócio: é quando a organização está constantemente testando e validando novas formas de reinventar seu negócio e assim gerar uma proposta de valor sempre a frente de todos. Aqui o game é outro! Apenas pouquíssimas empresas conseguiram isso até hoje: Apple e Amazon são as únicas que continuamente lançam novas iniciativas empresariais com modelos de negócios disruptivos, preservando assim a "empresa mãe". Essas empresas (ou conglomerados empresariais) são consideradas "as invencíveis" justamente porque nunca vão deixar de existir por estarem sempre inovando.

Mesmo que a empresa principal venha a deixar de existir, as outras empresas criadas a partir dela continuarão vivas, pois sempre existirão outras que entregarão valor e serão demandadas por seus serviços. Um verdadeiro ecossistema é criado, no qual uma complementa ou colabora com as demais, gerando um sistema vivo e orgânico. Se uma delas é atacada pela disrupção, o sistema todo se defende e compensa as perdas temporárias das demais.

Considerações finais

Saber jogar o jogo da inovação pode fazer a diferença no mundo dos negócios. E se você considera que não se aplica a você enquanto profissional, cuidado para não ser disruptado também. Lembra-se da datilógrafa ou da telefonista?

Novas tecnologias exigem aos profissionais a atenção a novas habilidades e estar sempre em busca de atualização.

Assim como os *softwares*, que sempre são atualizados, nossas carreiras precisam seguir o mesmo exemplo. E não falamos apenas das *hard skills*, mas das *soft skills* também. É nessas últimas que a mágica da inovação acontece, para depois se materializar nas *hard skills*. Isso significa que perceber as mudanças e se preparar para elas de maneira contínua é ainda mais importante nos dias de hoje.

O mais importante sobre tudo isso que abordamos até aqui é que o mundo vai evoluir como nunca vimos antes, e isso vai facilitar nossa vida em vários aspectos. Teremos também que saber lidar com os efeitos colaterais dessas novas soluções, mas com toda certeza, de maneira geral, ganharemos mais do que perderemos nessa matemática da inovação.

Testemunhar e fazer parte de tudo isso vai ser magnífico.

E aí? Vamos juntos?

Referências

CHRISTENSEN, C. M. *O dilema da inovação*. São Paulo: MBooks, 2001.

PORTER, M. *Estratégia competitiva*. Rio de Janeiro: Elsevier, 1980.

WAENGERTNER, P. *A estratégia da inovação radical*. São Paulo: Gente, 2018.

23

NAVEGANDO NA ERA DA DISRUPÇÃO

Sejam bem-vindos à terceira revolução na história do *homo sapiens*: a Era Digital! E, como nas revoluções anteriores (agrícola e industrial), há uma "onda" de disrupção que altera profundamente o *modus operandi* da humanidade. Este capítulo é uma contribuição que pretende ajudar quanto ao entendimento dos conceitos básicos da Era Digital e das competências, habilidades e atitudes necessárias para sobreviver, vencer e prosperar nesses tempos desafiadores.

RODRIGO MARQUES

Rodrigo Marques

Contato
Instagram: @rodrigodsmarques_

Rodrigo Marques é fundador e CEO do Grupo Educacional COC São Luís. Bacharel em Relações Internacionais pela LSE (London School of Economics) em Londres – Reino Unido, tem MBA em Gestão Empresarial pela FDC (Fundação Dom Cabral) de Belo Horizonte/MG, e diversos cursos de educação executiva pela Harvard Business School e pela Oxford Saïd Business School.

Não é a mais forte das espécies que sobrevive, tampouco a mais inteligente. É aquela que se adapta melhor à mudança.
CHARLES DARWIN

"Sou um dinossauro assustado", confessou o brasileiro mais rico na lista da *Forbes*, Jorge Paulo Lemann, em uma entrevista com perfil de sessão de psicanálise, que causou furor e apreensão: o que levaria um homem de enorme capacidade, recursos e visão extraordinária a soltar uma frase tão alarmante?

Culpa do século XXI, ou melhor, de uma "mudança de era". Sejam bem-vindos à terceira revolução na história do *Homo sapiens*: a Era Digital! Do mesmo modo que as revoluções agrícola e industrial trouxeram uma profunda transformação a todos os aspectos da vida da humanidade, a nova era carrega consigo uma palavra-chave comum a todas as revoluções:

"Disrupção: 1. Ato ou efeito de romper(-se); disrupção, fratura.
2. Quebra de um curso normal de um processo."
(Dicionário Michaelis da Língua Portuguesa)

A disrupção é especialmente causada por novas tecnologias, que alteram o modo como as pessoas vivem e onde vivem, e os relacionamentos entre elas; essas tecnologias transformam e criam novas instituições e fazem irromper economias. Imaginem, por um momento, a profunda transformação que a humanidade viveu há aproximadamente 12 mil anos, ao deixar de coletar plantas silvestres e caçar animais selvagens para dedicar seu tempo e esforço para manipular a vida de espécies de plantas e animais (revolução agrícola). Ou pensem na introdução da máquina a vapor há 400 anos, que iniciou o processo de substituição da força humana pelo poder da máquina (Revolução Industrial).

E, com a revolução digital, mudanças radicais novamente vieram à tona: o surgimento, em 1990, da internet e de inúmeras tecnologias exponenciais – como inteligência artificial, internet das coisas, celulares, *big data*, computação nas nuvens, *blockchain*, biologia sintética, realidade virtual, entre tantos outras – elimina cada vez mais a fronteira entre o físico, o digital e o biológico. Uma pequena amostra do que não é mais ficção científica: em 2023, Elon Musk irá implantar *chips* cerebrais em seres humanos!

Em todos esses ciclos disruptivos, a humanidade viveu mudanças irreversíveis: nova ordem geopolítica, novas instituições, novos comportamentos, novas estruturas sociais, e novas dinâmicas na esfera política, econômica e empresarial, para mencionar algumas. Especificamente em 2022, é muito fácil observar todas essas forças globais poderosas que vêm mudando nossa forma de viver, pensar e trabalhar. Por exemplo, silenciosamente, nem mais notamos que não vivemos sem WhatsApp, Google, *e-commerce*, trabalho remoto, Netflix, Uber, iFood, Instagram, TikTok, produtos e tecnologias *made in China*, bancos digitais, *startups*, algoritmos, para citar alguns exemplos. Portanto, tão importante e fundamental quanto entender a dinâmica da Era Digital e sua influência na sociedade é dominar o *mix* de múltiplas competências, habilidades e atitudes que nos permitem sobreviver, enfrentar e vencer os novos desafios dos negócios, da economia e da sociedade. E tudo começa com o questionamento das velhas suposições da Revolução Industrial e na mudança de *mindset* – o constante exercício de treinar o raciocínio para que seja favorável a situações que nos beneficiem.

> *Não podemos resolver nossos problemas com os mesmos pensamentos que tivemos quando os criamos.*
> ALBERT EINSTEIN

Para começar, não devemos temer e sim "abraçar" o novo mundo: o tal VUCA (volátil, incerto, complexo e ambíguo). Há desafios, ameaças e impactos de todos os lados.

Novos atores e potências na ordem internacional (a inovação "brota" forte em países como Índia, China e Emirados Árabes); a versatilidade das empresas que atuam nos mais diversos setores (recentemente, a Moody's alertou que o Facebook é uma das maiores ameaças ao futuro do setor bancário, devido a sua "vasta base de usuários"); o ritmo dos avanços tecnológicos (a nova web3 promete descentralizar a internet e tornar o mundo cada vez mais híbrido com o metaverso); e o poder das máquinas e da inteligência artificial, que já ultrapassam o desempenho humano em várias áreas.

É natural se assustar com um novo jogo e suas novas regras. Mas, como reza a sabedoria chinesa, onde há desafios, há oportunidades, e onde há obstáculos, há caminhos. Se nosso *mindset* for de abundância perante esse novo mundo, veremos, primeiro, que nunca antes na história da humanidade tivemos tanto acesso a recursos e instrumentos para criar, construir e fomentar caminhos.

O celular que carregamos é mais potente do que o computador que levou o homem à Lua em 1969; e no Brasil de 2022, há mais celulares do que pessoas! Ou seja, com o mínimo de disciplina, autonomia e perseverança, é possível acessar qualquer conhecimento disponível para a humanidade e até construir nosso próprio currículo a fim de aprender e estar sempre atualizado com qualquer nova tendência e tecnologia via YouTube, Google e cursos gratuitos de Harvard ou qualquer outra universidade de destaque global – algo impensável há poucas décadas. De fato, o *lifelong learning* (ou desenvolvimento contínuo de conhecimentos e habilidades), no qual o aprendizado não tem data para acabar, é um dos conceitos mais importantes da Era Digital.

Ademais, dada a própria natureza da disrupção, novos desafios podem ser trazidos em questões de meses, ou até mesmo dias: por exemplo, um novo produto pode ser lançado na próxima semana e afetar seus negócios de um modo imprevisível. Diante desse cenário, o *mindset* também precisa ser exponencial. Como diz Elon Musk: "Se você der dez passos lineares, você vai chegar até a sacada de sua casa. Se você der dez passos exponenciais, dependendo do número, você chega à Lua!". De maneira prática, urge vincular tecnologias exponenciais, como inteligência artificial, a novos modelos de negócios. Não há competitividade sustentável no século XXI sem essas tecnologias: a transformação digital ampliou a diferença entre as empresas líderes e retardatárias nesse processo.

Nesse cenário, as habilidades cognitivas de alto nível são fundamentais. Em especial: pensamento crítico e analítico, processamento de informações complexas e capacidade de resolver problemas complexos. Aqui, destaco a capacidade analítica e o quanto ela é essencial para que promovamos perspectivas mais detalhadas, possibilitemos novas conexões e o mapeamento de nuances de algum plano, projeto, que podem não ser aparentes para a grande maioria. O pensamento crítico também é terreno fértil para a disrupção e, em tempos de *fake news*, é também essencial para aprimorar a argumentação e o pensamento autônomo. Uma dica preciosa: saber fazer as perguntas certas é uma das atitudes essenciais para direcionar a uma resolução mais eficiente de tarefas cada vez mais complexas e estratégicas.

Com o aumento exponencial da automatização e da transformação digital, nunca o mundo precisou tanto das habilidades emocionais e sociais, *people skills*, criatividade, originalidade, empatia, comunicação, inteligência emocional e resiliência. Diante das situações estressantes, desafiadoras e tensas do mundo VUCA, as *people skills* ganharam uma importância estratégica em prol da entrega de resultados, quaisquer que sejam as dificuldades: por exemplo, saber lidar com incertezas e frustrações de uma era complexa e de grandes desafios é um grande diferencial para a alta performance profissional e nos negócios.

São muito os desafios, e o mundo digital está em uma era de ouro para o empreendedorismo! Apenas no Brasil, já somos mais de 150 milhões de usuários de internet, um campo fértil para inovar e criar negócios digitais. O espírito empreendedor ganha novos contornos. Um deles é a habilidade de enxergar novas formas de resolver problemas, ou seja, saber transformar ideias simples em negócios de valor, por meio de produtos e serviços inovadores. O outro é dominar as tais metodologias ágeis (exemplos: *design thinking*, Scrum, Kaban, Canvas, Lean), que permitem criar, planejar, executar e validar a ideia de negócio junto ao mercado, com agilidade, por meio de protótipos, experimentações, testes e aprendizados.

A Era Digital só tende a se aprofundar, assim como a disrupção em todos os setores. Yuval Harari, autor de *Sapiens: uma breve história da humanidade*, em suas previsões, comenta sobre uma nova classe de pessoas que deve surgir até 2050: a dos inúteis. "São pessoas que não serão apenas desempregadas, mas que não serão empregáveis". Trata-se de um movimento que não pode ser freado e que, de fato, assusta a todos, pois implica mudanças radicais e novas formas de ver e atuar no mundo. A estimativa do Fórum Econômico Mundial é que de 400 a 800 milhões de pessoas podem perder seus empregos em um futuro cada vez mais próximo devido à inovação dos sistemas automatizados e digitalizados.

E, embora não seja fácil navegar na nossa era, mas fazer as coisas que são inerentes ao ser humano – principalmente aquelas que a máquina não pode copiar, como as citadas *people skills* – já é um caminho sólido para nos mantermos competitivos, inovadores e disruptivos. É justamente essa a maneira como o líder da Era Digital precisa olhar para o futuro e estabelecer sua visão estratégica e, assim, não apenas prosperar com a entrega de produtos e serviços de uma forma única, mas também desenvolvendo e aplicando soluções inovadoras para os maiores desafios que a população recorde de 8 bilhões de pessoas enfrenta no século XXI.

24

VOCÊ JÁ NASCEU COM O GENE DA ASA, BASTA ATIVÁ-LO!

Este é um olhar sobre a disrupção nossa de cada dia e como ter sabedoria para saber atravessar vivo, o nosso tempo, em meio a tantas mudanças culturais, levando-se em conta a nossa origem e o futuro que queremos viver. Mais que isso, este é um convite para refletir sobre o que pesa mais: o *status quo* ou o rasgar a pele e deixar as asas nascerem para o belo voo, que é viver fielmente a si mesmo.

SIBILA MALFATTI MOZER

Sibila Malfatti Mozer

Contatos
simalfatti@yahoo.com.br
14 982066151

Psicóloga, psicanalista, mestra em Psicologia Clínica e da Saúde, bióloga e escritora. Atendo crianças, adolescentes e adultos com foco no desenvolvimento maturacional das emoções e nos relacionamentos sob a orientação da teoria winnicottiana.

Não é só o metaverso, a Netflix, o Uber ou o YouTube que simbolizam movimentos disruptivos, nem só a pandemia trouxe mudanças repentinas à vida de todos. Disrupção é um movimento que permeia a história humana.

Homo viator é o conceito filosófico que trata da condição natural do homem de se deslocar territorialmente, e isso pode ocorrer fisicamente ou de modo imaginário, simbólico, fantasioso e virtual. E para além disso, também nos deslocamos na construção da cultura quando damos saltos tecnológicos, desde a adoção da postura ereta, passando pela descoberta do fogo, a invenção da escrita, as grandes navegações, as descobertas para além da crosta terrestre, os foguetes, a construção da linguagem digital etc.

Quantas guerras atravessamos, catástrofes da natureza, rompimentos culturais e políticos? Toda frustração faz você "cabisbaixar", quando você baixa os olhos para o chão e olha para seus pés sem querer caminhar. Então, olha para si mesmo sentindo um vazio e uma paralisia, um branco que invade a mente, mas essa história é diferente para quem é resiliente. Olhar para si, nesse vazio, é tudo o que uma pessoa criativa precisa para inventar a si mesma e buscar novos caminhos e soluções.

Eu não sou *coach*, não sou a favor de autoajuda *prêt-à-porter* barata que você encontra em qualquer esquina, e que qualquer leigo repete depois de muito ouvir ou ler nas mídias de influência digital. Sou uma pessoa comum e verdadeira, que se reclusa da maioria das atividades sociais e se dedica a estudar todos os dias. Não sou professora, não sou xamã, nem trago aqui "unguentos" milagrosos. A experiência de vida traz alguma sabedoria e tenho muito a aprender.

Quando ouvi falar em disrupção e descobri seu significado, pensei em como essa palavra ainda não havia sido dita antes, e assim foi também com a palavra resiliência. Sinto que eu as carrego dentro de mim desde sempre.

Sibila Malfatti Mozer

Uma mudança de cidade ou estado, um choque cultural, meus pais se separando, um casamento que parecia perfeito em uma redoma que se estoura e, então, uma gravidez na adolescência, pausa nos estudos e uma faculdade aos 24: esses já são sinais de uma vida fora dos padrões esperados.

Sem pensar no que os outros pensaram ou fizeram, antes de tudo, meus planos foram rasgados como papel fino levado pelo vento em dia de chuva... dissolvendo-se no ar, no chão!

Após uma graduação em Biologia, estava pronta para ser professora ou atuar em laboratório, ou melhor ainda, tentar um concurso público para o Ibama... Quem sabe trabalhar no projeto Tamar!

Um ano e meio sendo professora no estado de São Paulo e a vida muda de novo: uma doença autoimune, um novo relacionamento, uma gravidez de risco.

Para quem vem de uma família difícil, desfeita, sem estrutura emocional, é ficar em pé ou não se sentar, não há opção.

Trabalhar então não era possível, gestar deitada, de cama, e aos poucos, após quase três anos, voltar ao mercado de trabalho com 31 anos era um desafio.

Uma vaga de emprego em uma empresa de energia elétrica, uma promoção após um ano e novamente uma pane emocional, um *burnout* me afastou do trabalho. Depressão e ansiedade, uma tentativa de trabalho em uma laboratório, mas não era esse o caminho. Um tempo sem conseguir uma oportunidade de trabalho, duas filhas, uma depressão em tratamento, os velhos dramas familiares assombrando a rotina e piorando as angústias.

Uma velha amiga manda mensagem dizendo que há uma vaga para o setor administrativo de uma faculdade: uma oportunidade para mulheres na faixa de 35; e entramos, eu, ela e outras três novas amigas!

Uma faculdade era o ambiente que eu queria, um ambiente acadêmico de pesquisa de estudo. Sempre gostei de aprender, queria fazer Psicologia, mas não pude, pois, mãe, não poderia me dedicar a estudar em período integral. Agora era o meu momento, mas uma perda na família foi o verdadeiro incentivo, a disrupção resiliente, e me vi dando passos determinados em uma nova direção.

Minha irmã morreu. Pedi transferência de posto para trabalhar menos horas, tive medo de que essa perda influenciasse negativamente meu ambiente familiar. Outros tantos fatos menores causaram tantas fraturas emocionais, e quando percebi, já estava prestando o vestibular para a sonhada Psicologia. Passei, cursei cinco anos com notas excelentes, fiz estágios e, ao me formar, pedi a conta do trabalho na escola e abri a minha primeira clínica. Uma sala que montei em uma edícula. Pintei e mobiliei com o dinheiro do acerto, meu marido segurando todas as pontas da família, gastos: a escola da pequena agora tinha que ser paga, pois perdi a bolsa de estudos dela ao sair do meu antigo trabalho, mas, aos poucos, tudo ia dando certo.

Com o seguro-desemprego, paguei o aluguel da sala. No quinto mês, faltou dinheiro, meu marido cobriu o pagamento, mas me recuperei. Eu tinha sete pacientes, no fim do primeiro ano eram nove, e logo no começo do segundo ano, eram vinte.

Pacientes iam e vinham, e em plena pandemia, atendendo em casa, a maioria on-line, já tinha 43 pacientes em junho de 2020. Minha renda, que era menor que um salário-mínimo na escola, em dois anos quadruplicou.

Pós-graduada, com três cursos de extensão e outras capacitações, incluindo uma feita a distância pela Universidade de Toronto, seguindo com a formação em Psicanálise, dois cursos de gestão financeira e gestão de empresas, iniciei o mestrado e comprei um carro zero, automático, em plena pandemia... E durante ela também aluguei outro espaço: era minha terceira mudança, uma casa com três salas para sublocar. Eu estava sendo audaciosa, a cidade não andava no mesmo ritmo que eu. Outra mudança: a casa ao lado estava em reforma, barulho e sujeira não permitiam que as sessões acontecessem; outra saída da clínica para minha casa, desta vez para uma casa nova. Fizemos um bom negócio na troca da antiga. Essa nova casa tinha espaço para atender meus pacientes e tomei uma nova decisão, a de trabalhar em casa, independentemente das necessidades do *home office* devido à pandemia.

Uma casa nova, a segunda troca de casa em um ano e meio!

Hoje estou em um sexto endereço em cinco anos de formada. Sou instável ou sigo disruptivamente sendo resiliente?

De mãe solo a esposa, mãe de duas e com um casamento feliz e abençoado.

De bióloga a psicóloga e psicanalista.

Da clínica azul para a cinza, para a casa pequena, depois a casa das salas de sublocação, indo para a casa nova com clínica-conforto, a clínica verde na avenida mais verde e bonita da cidade, e agora, de volta à casa-conforto, após uma reforma que fiz em três semanas! Essa história de mudanças é um recorte que mostra a disrupção acontecendo em uma vida simples, comum a todos que estão no mundo hoje. Se você acredita que vai ficar vinte anos no mesmo lugar ou emprego, sem precisar se aperfeiçoar, estudar, mudar e se adaptar, está fadado a ser o elefante com o peso da carga acumulada em uma vida de ideias fixas e rígidas, empoeiradas e sem função.

A Coca-cola só é a mesma Coca-cola porque soube levar sua essência de modo a se adaptar a uma cultura em constante mudança. Ela pode não ser a empresa mais rica do mundo e isso é um sinal de alerta, então se fazem fusões e novas aquisições, sem perder de vista o carro-chefe: o xarope de noz cola!

E você, o que você tem na sua essência? É dela que você poderá extrair as inúmeras articulações e movimentos de crescimento. Darwin já dizia, na sua teoria da evolução das espécies, que sobrevive aquele que melhor se adapta. Daí se extrai que disrupção é só uma palavra criada recentemente para algo que já existe há muito, desde o surgimento do universo, e mostra-se que manter o *status quo* das coisas é somente um instrumento de referência e medição para que as novas coisas aconteçam.

Não existe efeito sem causa. Nossa mente – nessa vida agitada e limitada pela correria capitalista, nem mesmo tempo para família nós mesmos – não nos permite antever coisas que poucos podem notar e assim acreditamos que certos eventos acontecem do nada! A cultura é mantida por duas, três gerações, mas de tempos em tempos ela também se perde. Saberes se perdem, saberes importantes, e junto deles, costumes e ideias que são consumidas tão ferozmente na velocidade dos dias atuais; mas o que fica disso tudo?

As mídias de consumo imediato, que nos divertem por cinco ou dez segundos enquanto a política mascara os problemas, aliada aos meios de comunicação. Isso é algo que ainda não teve nenhuma disrupção atravessada; somos as mesmas plebes servindo monarquias. O mesmo modelo de tributação e de concentração de riquezas de eras medievais está sendo replicado hoje, as mesmas barbáries estão sendo cometidas, violência, abuso de poder, corrupção e o povo a pão e circo.

A discussão vai longe, não é?

O que você pode fazer para ser disruptivo e mudar sua realidade e então começar a voar?

Como psicanalista, eu o convido a refletir sobre seus anseios verdadeiros. Pode ser que você encontre dificuldades, mas o ganho da habilidade política, das relações, do criar relacionamentos no meio em que você atua ou deseja atuar é o caminho. Ninguém é feliz sozinho, mas na verdade só se pode ser feliz assim, sozinho! Afinal, o que sentimos é sempre muito nosso, e para ter esse estado individual alcançado é necessário ações no coletivo, mesmo que seja uma rede digital. Não dá para realizar coisas importantes no modo náufrago com o sr. Wilson!

E em vez de trazer aqui as falas importantes e impactantes dos grandes diretores e donos de empresas, ou dos grandes gênios da internet, ou ainda, as frases históricas de grandes chefes de Estado ou de escritores icônicos para fazer você se inspirar mirando para o olimpo da humanidade, olhe para quem está ao seu lado, seja um filho, um pai, uma esposa, não importa. Mire para onde está quem você ama: só você mesmo pode fazer isso. O que esse alguém merece ter de você?

Uma casa, um emprego melhor, boas roupas, uma chácara, uma viagem... satisfação pessoal, um título de mestre, de doutor, reconhecimento das pessoas, dos colegas, da família, aceitação de quem você é... Seja o que for, nada disso será alcançado se você for quem você não é e tentar agradar a todos. Ser quem não se é: é isso que faz o elefante. Agradar a todo mundo é o elefante no meio da sala, impedindo o fluxo da sua vida, que é curta, não se engane!

E ser satisfeito e grato exige alguns sacrifícios como dizer e saber ouvir "não" muitas vezes. Exige você tirar a maquiagem do seu sobrenome ou do nome da sua comunidade, seja ela religiosa ou corporativa, e assumir quem você é mantendo a habilidade da comunicação, que é a mais importante para você se estabelecer no social.

Quando você criar asas, lembre-se também do dito popular: "Águia não voa com pardal" e isso vai fazê-lo pensar de novo no quanto você ainda precisa melhorar a qualidade das suas relações. Não para ganhar mais ou ter mais orgulho, mas para perceber o quanto a vida é rara e o tempo, o bem mais precioso.

Mais uma dica: comece agora, com quinze ou oitenta anos, não importa a idade. Acreditar que algo o limita a fazer mudanças na sua vida é acreditar em modelos criados por outras pessoas. É amarrar as asas com as quais você nasceu, prontas a aparecer e serem usadas no tempo certo.

Somos humanos e temos esse dom. Antes éramos nômades, não acreditávamos na estagnação. Estacionamos na mesmice pelo conforto, pelo medo.

Acreditar que tudo já está dado e pronto é não acreditar na essência da vida, a tal essência que tem nome: disrupção!

OK. Vou abrir uma exceção e citar o rio de Heráclito. Mas essa você já conhece, não é mesmo?! Esse é um dos mais importantes ensinamentos deixados pelos nossos ancestrais: o de que nada permanece igual, e mais, que prever a mudança nem sempre será possível, pois a previsibilidade não prescinde do saber científico nem do saber amplo e também cultural que alcança espaços muito longínquos; e, assim sabemos que nada está sob controle. Diante disso, só resta fazer aquilo que precisa ser feito para que a vida valha a pena ser vivida, mesmo que isso custe desacostumar-se, tirar o pijama velho e furado das doutrinas de mesinha de cabeceira e vestir o novo plano: aprender a bater as asas e sobrevoar as ideias, escolhendo pousos mais altos, com melhores vistas.

O entardecer chegará para todos, mas só será bonito para quem souber para onde olhar. E não será para baixo, para os pés, mas para dentro, satisfeito com as escolhas que fez.